O.W. BARTH

Birgit Schönberger

Zen-Power für Frauen

Innere Stärke und
Gelassenheit entwickeln

O.W. BARTH

Besuchen Sie uns im Internet:
www.ow-barth.de

Aus Verantwortung für die Umwelt hat sich die Verlagsgruppe Droemer Knaur zu einer nachhaltigen Buchproduktion verpflichtet. Der bewusste Umgang mit unseren Ressourcen, der Schutz unseres Klimas und der Natur gehören zu unseren obersten Unternehmenszielen. Gemeinsam mit unseren Partnern und Lieferanten setzen wir uns für eine klimaneutrale Buchproduktion ein, die den Erwerb von Klimazertifikaten zur Kompensation des CO_2-Ausstoßes einschließt.
Weitere Informationen finden Sie unter:
www.klimaneutralerverlag.de

MIX
Papier aus verantwortungsvollen Quellen
FSC® C083411

Originalausgabe Dezember 2021
O.W. Barth

Ein Imprint der Verlagsgruppe
Droemer Knaur GmbH & Co. KG, München

Redaktion: Julia Bauer
Covergestaltung: atelier-sanna.com, München
Coverabbildung: marukopum/Shutterstock.com
Abbildungen im Innenteil von Shutterstock.com
Satz: Adobe InDesign im Verlag
Druck und Bindung: CPI books GmbH, Leck
ISBN 978-3-426-29319-5

2 4 5 3 1

INHALT

EINLEITUNG

Braucht die Welt wirklich noch ein Meditationsbuch? Und dann noch eins exklusiv für Frauen? Ja, behaupte ich frech. Dieses Buch, Ladys, hat Frauen gerade noch gefehlt. Das ist keine Ironie, das meine ich ernst.

In der Übung des Zazen – so wird die Sitzmeditation im Zen genannt – finden Frauen, was im hyperaktiven Alltag oft verloren geht. Erdung. Das Gefühl, mit beiden Beinen fest auf dem Boden zu stehen und in sich selbst verwurzelt zu sein wie ein Baum. Kraft. Die Energie und das Zutrauen, das Leben in die Hand nehmen und gestalten zu können. Fülle. Das Gefühl, im Körper zu Hause und von Kopf bis Fuß vollständig zu sein inklusive aller Macken. Selbstrespekt. Die Erlaubnis, den eigenen Raum zu schützen und gesunde Grenzen zu setzen. Stille. Ein Zustand, in dem alle äußeren und inneren Aktivitäten zur Ruhe kommen und die Seele genährt wird. Offenheit. Die Fähigkeit, das Leben freudig zu empfangen und neugierig zu sein auf das, was jetzt schon da ist und noch kommt.

Die schlechte Nachricht zuerst: Drei Minuten am Tag reichen nicht, damit die Kraft von Zazen sich entfalten kann. Es darf und muss ein bisschen mehr sein. Ich verspreche Ihnen das Blaue vom Himmel, aber Sie bekommen es nur, wenn Sie sich jeden Tag auf die Erde setzen und eine Weile auf Ihrem schönen Hintern sitzen bleiben. Okay, sechs Tage die Woche. Wenn Sie auf der Suche sind nach einer Instantlösung, wenn Sie die ultimative Entspannungs- und Glücksformel frei Haus geliefert bekommen wollen, ohne sich auch nur einen Hauch anzustrengen, ist dieses Buch für Sie und für mich Zeitverschwendung. Sie werden darin nicht finden, was Sie suchen.

Wenn Sie aber bereit sind, beharrlich dranzubleiben, werden die Zenimpulse, Meditationen und Übungen helfen, die wilde, weise Frau zu befreien, die in Ihnen wohnt und schon lange darauf wartet, endlich loslegen zu dürfen. Die sich nicht um Konventionen schert und schon längst frei ist. Die weiß, dass die Hindernisse, die im Moment vielleicht unüberwindlich scheinen, in Wirklichkeit aus Pappe sind und nur einen beherzten Tritt brauchen, damit sie umfallen.

Wollen Sie den Zugang zu Ihrer ureigenen Kraftquelle finden und sich nicht mehr selbst schwächen durch überzogene Strenge, verrückte Leistungsanforderungen und ständige Hektik?

Sehnen Sie sich danach, aus vollem Herzen bedingungslos Ja sagen zu können zu sich mit all Ihren Licht- und Schattenseiten?

Wollen Sie Ihre Energie nicht mehr in fruchtlosen Kämpfen gegen sich selbst verschwenden und stattdessen Ihren unerschütterlichen Wert spüren, ihm treu bleiben und ihn in die Welt bringen?

Geht es Ihnen um mehr als Ihr persönliches Glück? Wollen Sie Ihren ureigenen Beitrag leisten zur Rettung unseres wunderbaren Planeten und nebenbei sich selbst retten?

Dann ist das Ihr Buch. Ich weiß, es klingt, als würde ich den Mund ziemlich voll nehmen. Aber ich darf das, denn alles, worüber ich schreibe, habe ich erfahren, erforscht und durchlebt. Bevor ich Zazen entdeckte, war ich nicht unglücklich. Aber etwas fehlte. In mir war eine tiefe, ungestillte Sehnsucht, mir selbst und dem Leben auf den Grund zu gehen. Was ist Leben? Was ist Tod? Die ganz großen Fragen arbeiteten in mir und gaben keine Ruhe.

Und ich wollte einen Zustand wiederentdecken, den ich aus meiner Kindheit kannte. Ich saß im Garten, oben in meiner Lieblingsbuche in sicherer Entfernung von elterlichen Ermahnungen, und schaute den Wolken zu, wie sie durch den Himmel trieben. Manchmal traf mich die Weite des Himmels mit weicher Wucht. Ich fiel in einen köstlichen Zustand von Selbstvergessenheit und grundlosem Glück, der mir als Erwachsene abhandenkam. Alles war hell und strahlend.

Als ich mit Anfang 20 anfing, Zenbücher zu lesen, fand ich den Satz »Alles ist reiner Geist« und war geflasht. Das schien es also wirklich zu geben, diesen hellen, strahlenden Zustand, ich hatte ihn mir als Kind nicht eingebildet. Aber wie sollte ich da wieder hinkommen? Es blieb lange beim Lesen, ich traute mich nicht, Zenmeditation auszuprobieren. Später als berufstätige Mutter sehnte ich mich danach, tiefe Ruhe und Gelassenheit zu finden. Nicht mehr hin und her geworfen zu werden von meinen Gefühlen und Stimmungen, von Erfolg oder Nicht-Erfolg, Anerkennung oder Nicht-Anerkennung. Nicht mehr getrieben zu werden vom Druck, ständig Leistung erbringen und die Erwartungen anderer erfüllen zu müssen.

Ich wollte an einem gewöhnlichen Mittwoch in der Mittagspause auf einer Parkbank sitzen können, die Sonne auf der Haut spüren, dem Gezwitscher der Vögel lauschen und sonst nichts. Einfach nur da sein. Ohne das Rattern im Kopf. Ohne To-do-Liste. Ohne einen Gedanken an den Kontostand. Ohne mich zu fragen, ob ich gut genug bin als Mutter, im Job, als Partnerin. Erst als der Druck groß genug war und ich nicht mehr so weitermachen wollte, fuhr ich zu meinem ersten Zenwochenende. Es stellte mein Leben auf den Kopf.

Wenn ich »ich« schreibe, geht es mir nicht um meine persönliche Geschichte. In diesem Ich spiegelt sich in vielen Facetten die Zerrissenheit moderner Frauen, die erfolgreich sind und doch nicht erfüllt. Weil der innere Antreiber keinen Feierabend kennt und nie Ruhe gibt, nicht einmal nachts. »Eigentlich wolltest du doch, du solltest dringend mal. Warum hast du immer noch nicht?« Zenmeditation bietet einen Ausweg aus der Zwickmühle aus Mangel und Druck. Zen ist ein Weg, anzukommen und sich aus der Selbstverbesserungsfalle zu befreien. Endlich zufrieden zu sein inmitten der wunderbaren Unvollkommenheit.

Ich kenne kaum eine Frau, die ihren Körper nicht als Dauerbaustelle betrachtet. Doch es geht auch anders. Das beweisen Frauen, die mit Haut und Haaren, Kilos und Kurven, Falten und Furchen in Frieden koexistieren und auch nicht ständig ihre Gedanken und Gefühle optimieren wollen. Sie sind umwerfend, sie strahlen von innen und sind schön auch mit Orangenhaut, Hüftgold und vorübergehend mieser Laune. Weil innere Harmonie – nicht als Instanttee, sondern als Seinszustand – das beste Happy-Aging-Mittel ist.

Ich bin davon überzeugt, dass es einen weiblichen Weg gibt. Deshalb schreibe ich dieses Buch für Frauen, die am Anfang, in der Mitte oder im letzten Drittel ihres Lebens stehen und sich manchmal fragen, ob sie darin selbst noch vorkommen. Die sich nicht verbiegen, sich zeigen und bei all dem sie selbst bleiben möchten. Zen kommt oft sehr männlich daher und kann zunächst abschreckend wirken auf Frauen. Die alten Geschichten, in denen der Schüler zum Lehrer kommt und bevor er überhaupt den Mund aufmachen und eine Frage stellen kann, schon hochkant rausfliegt oder mit dem Stock geschlagen wird, machen nicht gerade Mut. Alle bedeutenden Zenmeister, die sich in den Büchern finden, sind Männer, die begabtesten Schüler natürlich auch. Wo bleiben da die Frauen?

Dennoch bin ich überzeugt davon, dass Frauen in besonderer Weise für diesen Weg geeignet sind. Auch wenn es auf den ersten Blick so aussieht, als sei Zen vor allem etwas für harte, kahlköpfige Kerle, die es gewohnt sind, mit dem Kopf durch die Wand zu gehen. Diese Strategie ist den meisten Frauen fremd, dafür können Frauen Langstrecke, sie sind geübt in der Kunst des Dranbleibens und können beharrlich und zäh sein. Die schlechte Nachricht ist: Diese wunderbare Fähigkeit setzen sie oft ein, um zu lange in destruktiven Beziehungen, schwierigen Umfeldern und auf aussichtslosen Posten zu verharren. Oder um Probleme zu lösen, die nicht ihre eigenen sind, und Konflikte auszutragen, die auch nicht wirklich ihre sind.

Dieses Buch unterstützt Sie dabei, die Kunst des kontinuierlichen Dranbleibens auf ein neues Ziel auszurichten: Ihre wunderbare weibliche Kraft zu befreien und sie zu Ihrem eigenen Wohl und zum Wohl anderer einzusetzen. Die Welt braucht Sie.

Ich habe dieses Buch geschrieben ohne Rang und Namen. Ich trage keinen offiziellen Zentitel. Ich bin als Meditationslehrerin ausgebildet, habe viele Retreats geleitet und zahlreiche Teilnehmer:innen in Vieraugengesprächen in ihrer Übung unterstützt. Ich praktiziere ernsthaft Zen mit Humor und Hingabe und immer wieder mit Anfängergeist. Dieses Buch kommt aus meinem Herzen und meiner jahrelangen Coachingerfahrung mit Frauen und ist getragen von der Begeisterung für die Praxis des Zazen und der großen Dankbarkeit für alle, die den Weg bereits gegangen sind. Es ist kein reines Zenbuch. Sie finden darin nicht nur Zenimpulse, Meditationen und Erklärungen zur Zenpraxis, sondern auch Coaching-Übungen, Anregungen zur Selbstreflexion und Vorschläge zum meditativen Schreiben. Möge es Sie inspirieren und unterstützen.

»Der Geist der Tiefe stirbt nicht
Das ist das Ewig-Weibliche.
Des Ewig-Weiblichen Ausgangspforte
Ist die Wurzel von Himmel und Erde.
Endlos drängt sich's und ist doch wie beharrend.
In seinem Wirken bleibt es mühelos.«

(Aus dem Tao Te King, Kapitel 6,
Das Werden der Formen)

TEIL 1

HERRIN IM EIGENEN HAUS WERDEN

Wäre es nicht wunderbar, den Herausforderungen des Alltags inspiriert und energiegeladen zu begegnen? Im Vertrauen darauf, dass uns schon etwas einfallen wird, wenn Hindernisse auftauchen. Weil wir ein gutes Maß an körperlicher und mentaler Power haben und das Reservoir immer wieder auffüllen können. Wie kommen wir in einen kraftvollen Zustand, in dem wir die Dinge, die zu tun sind, entspannt angehen, ohne uns zu sehr zu verausgaben? Dazu finden Sie in diesem Kapitel zahlreiche Anregungen.

Come down – die Kraft des Ausatems nutzen

Fast alle Frauen, die zu mir ins Coaching oder in ein Meditationsseminar kommen, klagen über Erschöpfung und wünschen sich mehr Energie. Das Dauermantra der meisten Frauen lautet: *»Es ist alles zu viel. Meine Batterien sind leer. Ich fühle mich ausgelaugt. Ich brauche mehr Energie.«* Doch was ist überhaupt Energie? Dasselbe wie Kraft? Ein esoterisches Konstrukt? Bevor ich Zenmeditation entdeckte, kam das Wort Kraft in meinem Sprachschatz nicht vor. Kraft war etwas für Männer, die ins Fitnessstudio gehen, um Muckis zu bekommen. Das interessierte mich nicht besonders.

Als mein Zenlehrer mir sagte: »Du hast sehr viel Kraft, aber deine Kraft ist blockiert«, war ich verwundert. Wovon redete er? Ich und Kraft, und dann auch noch blockiert? Zwei rätselhafte Informationen auf einmal. Ich verstand weder die eine noch die andere. Aber ich wurde neugierig. Sollte da etwas in mir schlummern, von dem ich nichts wusste? War Zen eine Methode, das herauszufinden? Das Erste, was ich im Zen lernte, war, mich aufrecht und entspannt hinzusetzen und langsam auszuatmen. Das klingt völlig unspektakulär. Doch die Wirkung, die diese kleine Übung auf mich hatte, fand ich erstaunlich. Nach wenigen Minuten liefen mir Tränen übers Gesicht. Das klingt zunächst nicht sehr verlockend. Aber es waren keine Tränen der Trauer, ich war tief berührt, weil ich intuitiv spürte, dass ich den Zipfel von etwas entdeckt hatte, wonach ich schon lange gesucht hatte.

Und weil es im Zen darum geht, ohne Umschweife gleich zur Sache zu kommen und nicht lange um den heißen Brei zu reden, möchte ich Sie einladen, es gleich jetzt einmal auszuprobieren. Auf dem Sofa oder dem Bürostuhl. Es kann sein, dass Sie gleich einen Effekt spüren, vielleicht passiert auch erst mal gar nichts. In jedem Fall ist es das Experiment wert. Denn es dauert nur ein paar Minuten. Betrachten Sie es als kleine Aufwärmübung.

Zenimpuls: Langsam ausatmen
Setzen Sie sich auf die Kante eines Sofas oder auf einen Stuhl. Und zwar so, dass die Wirbelsäule entspannt und aufgerichtet ist. Atmen Sie einige Male hintereinander ganz langsam aus. Lassen Sie das Einatmen ganz natürlich geschehen. Konzentrieren Sie sich darauf, langsam auszuatmen. Lassen Sie sich beim Ausatmen nach innen fallen. Bleiben Sie noch eine Weile so sitzen, spüren Sie Ihren Körper, nehmen Sie die Geräusche in Ihrer Umgebung wahr.

Im Zen wird nicht lange philosophiert und erklärt. Weil das, worum es geht, sich nicht durch Nachdenken erfassen, sondern nur durch Ausprobieren erfahren lässt. Stellen Sie sich vor, Sie wollen jemandem, der noch nie Schokolade gegessen hat, den Geschmack von Schokolade beschreiben. Sie können wunderbare Worte finden, vielleicht gelingt es Ihnen sogar, die Nuancen präzise zu beschreiben. Doch am Ende kann den Geschmack von Schokolade nur erfassen, wer sich ein Stück davon auf der Zunge zergehen lässt. So ähnlich ist es mit Zen. Doch weil unser Verstand auch Futter braucht und sich ungern auf Unbekanntes einlässt, hier eine kleine historische Einordnung.

Eine ultrakurze Geschichte des Zen

Zen ist ein zweieinhalbtausend Jahre alter Weisheitsweg. Ursprünglich kommt Zen aus China, wo man ihn »Chan« nennt. Das chinesische Wort *Chan* stammt vom Sanskritwort *Dhyana,* was sich übersetzen lässt mit »Zustand meditativer Versenkung«. Als Stammvater des Zen gilt der indische Mönch Bodhidharma, der im Jahr 520 nach China gekommen sein soll. Auf Bodhidharma folgten in China sechs berühmte Zenpatriarchen, die alle ihren eigenen pädagogischen Stil hatten. Besonders bekannt ist der Linienhalter Meister Linji (japanisch: *Rinzai*), der seine Schüler durch Stockschläge und Schreie zur Erleuchtung führte. Es entwickelten sich zwei große Linien: Rinzai- und Soto-Zen. In Europa und den USA wurde die Tradition des Zen bekannt durch die Werke von Daisetz Suzuki. Die Praxis des Soto-Zen verbreitete sich im Westen ab den 1960er-Jahren zunächst in den USA und später in Europa. Zen betont den Weg der Erfahrung jenseits von Schriften und lädt dazu ein, das Leben in seiner ganzen Fülle zu erfahren, ohne dass feste Vorstellungen und hartnäckige Ideen das unmittelbare Erleben blockieren. »Ich würde gern irgendetwas anbieten, um dir zu helfen, aber im Zen haben wir überhaupt nichts«, sagte Meister Ikkyu.

Ich selbst habe viel über Zen gelesen, bevor ich mich endlich traute, mich auf ein Meditationskissen zu setzen und es auszuprobieren. So sind wir nun mal. Wir wollen wissen, worauf wir uns einlassen, und haben keine Lust, auf irgendeinen esoterischen Quatsch hereinzufallen. Und daran ist auch nichts verkehrt. Doch am Ende geht es ums Tun. Vielleicht beruhigt es zu wissen, dass Zen keine Religion ist. Es geht nicht darum, irgendetwas zu glauben. Im Gegenteil. Zen fordert uns dazu auf, unserer eigenen Erfahrung zu vertrauen und zu prüfen, ob irgendetwas von dem, was gesagt wird, für uns tatsächlich stimmt.

Zenimpuls: Die Hände auf der Bauchdecke spüren

Setzen Sie sich aufrecht hin. Wenn Sie auf einem Stuhl sitzen, rutschen Sie auf der Stuhlkante etwas nach vorne. Entspannen Sie die Schultern. Legen Sie die rechte Hand auf den Unterbauch, zwei bis drei Fingerbreit unterhalb des Bauchnabels. Legen Sie die linke Hand locker über die rechte. Bleiben sie ein paar Minuten so sitzen. Lenken Sie Ihre Aufmerksamkeit in Ihre Hände. Spüren Sie, wie die Bauchdecke sich ganz leicht unter Ihren Händen bewegt.

Selbstreflexion

- Wie war dieses kleine Experiment?
- Haben Sie etwas gespürt?
- Vielleicht die Bewegung der Bauchdecke unter Ihren Händen?
- Vielleicht ein zartes Kribbeln im Unterbauch?
- Vielleicht gar nichts?

Wenn Sie nichts gespürt haben, macht das nichts. Es kann dauern, bis der Ausatem, auf dem oft viel Druck liegt, frei und tief fließt und sich Ihre Wahrnehmung verfeinert. Vielleicht spüren Sie auch erst mal Ärger und Unruhe, auch das ist vollkommen in Ordnung. Sobald wir für ein paar Minuten aussteigen aus unserem gewohnten Tempo und der Geschäftigkeit, können wir in Kontakt kommen mit unangenehmen Gefühlen. Es ist gut, wenn sie einfach da sein dürfen. Mit der Zeit kann sich ein angenehmes Gefühl von Wärme, Geborgenheit und Zentrierung entwickeln.

Gut zu wissen: Die Empfehlung, die Hände auf den Unterbauch zu legen, hat einen tieferen Sinn. Im Verständnis von Zen liegt unser Kraft- und Energiezentrum im Unterbauch. Hier ist der Sitz von *Hara*, japanisch für »Bauch«. (mehr dazu im Kapitel »Einmal auftanken, bitte – Das Energiezentrum im Unterbauch stärken«). Was die Meister, Mönche und Nonnen bereits vor zweieinhalbtausend Jahren wussten, lässt sich heute wissenschaftlich erklären. Vor einigen Jahren wurde das sogenannte Bauchhirn entdeckt. In unseren Därmen verbirgt sich ein komplexes Geflecht von Nervenzellen. Dieses *enterische Nervensystem* ist mit seinen 100 bis 200 Millionen Neuronen sogar größer als das Nervensystem im Rückenmark. Es entspricht in etwa einer Kopie unseres Gehirns im Kopf und verfügt über einen direkten Draht nach oben. Zusammen mit dem Immunsystem – etwa 70 Prozent der Immunzellen befinden sich im Darm – gilt es als das wichtigste Informationssystem des Körpers.

Die kleine Übung »Die Hände auf der Bauchdecke spüren« hilft, in einen zentrierten Zustand zu kommen, in dem der Atem allmählich wie von allein ruhiger fließt. Auch wenn Sie bisher keine oder wenig Erfahrung mit Meditation haben, ist Ihnen vielleicht schon mal aufgefallen, dass Ihr Atem flach und schnell wird, wenn Sie aufgeregt oder angespannt sind. Umgekehrt kennen Sie sicher das wohlige Gefühl, im Urlaub oder an einem freien Tag an einem See zu sitzen und tief durchzuatmen. Wie befreiend. Im entspannten Zustand wird aus der flachen Brustatmung wie von selbst eine tiefe Bauchatmung, die beruhigend wirkt und das ganze System herunterfährt.

Nun lernen Sie eine einfache und wirksame Übung, durch die Sie sich zentrieren können.

Zenimpuls: Den Ausatem wahrnehmen

Egal, ob Sie gerade stehen, sitzen oder liegen, lenken Sie für ein paar Minuten Ihre Aufmerksamkeit auf den Atem. Nehmen Sie Ein- und Ausatem wahr, ohne sich anzustrengen oder etwas zu verändern. Sie müssen nicht besonders tief atmen. Lassen Sie den Atem einfach ein- und ausströmen, und nehmen Sie das Ein- und Ausströmen wahr, vielleicht an der Nasenspitze, im Brustkorb oder an der Bauchdecke. Es ist normal, dass ablenkende Gedanken auftauchen. Versuchen Sie, immer wieder zum Atem zurückzukehren. Verweilen Sie mehr und mehr beim Ausatem. Nur den Ausatem wahrnehmen und ihm folgen. Es geht nicht darum, das besonders gut zu machen. Wenn es Ihnen gelingt, ein paar Atemzüge wahrzunehmen, reicht das vollkommen.

Der Atem spielt in nahezu jeder Meditationsform eine herausragende Rolle. Weil er sich als Anker anbietet. Er ist schon da und begleitet uns, solange wir leben. Wir müssen nichts aktiv tun. Atmen geschieht. Egal, wo wir gerade sind, auf einer Parkbank, mitten auf einer Straßenkreuzung, in der U-Bahn oder am Schreibtisch. Wir haben den Atem immer dabei und können jederzeit unsere Aufmerksamkeit darauf lenken, ohne dass andere es bemerken. Das geht auch in einer Konferenz, in der gerade die Fetzen fliegen. In der Zenmeditation gilt die Aufmerksamkeit vor allem dem Ausatem. Anders als beim Yoga, wo der Einatem bewusst vertieft, verlängert und gelenkt wird, liegt der Fokus beim Zazen auf dem natürlichen Ausatmen. Doch es ist gar nicht so leicht, ganz natürlich zu atmen, wenn die Aufmerksamkeit sich auf den Atem richtet. Viele Frauen geraten sofort in Stress, haben das Gefühl, falsch zu atmen, und verspannen sich beim Versuch, sich zu entspannen.

Gut zu wissen:

- Mit dem Ausatmen beruhigen sich allmählich die Gedanken. Wie bei einem Teeglas, in dem Teeblätter schwimmen. Hören wir auf, darin herumzurühren, und lassen das Glas ein paar Minuten stehen, setzen sich die Blätter langsam nach unten ab, der Tee wird durchsichtig und klar.
- Mit dem Ausatmen lassen wir uns bildlich gesprochen auf den Grund sinken und berühren die innere Stille, die immer da ist.
- Der Ausatem hilft uns, in einen Zustand von Sammlung und Kraft zu kommen. Die wesentlichen Gedanken trennen sich von den unwesentlichen. Plötzlich wissen wir, was jetzt zu tun ist, ohne dass wir bewusst darüber nachgedacht haben.
- Über einen hingebungsvollen, entspannten Ausatem verteilt sich die Lebensenergie harmonisch im ganzen Körper. Der Ausatem ist wie eine Lehrerin, der wir in die Stille folgen können.

Anfangs war ich skeptisch. Wie sollte so etwas Unspektakuläres wie das Ausatmen eine größere Wirkung haben? Außerdem hielt ich mich für eine Flachatmerin. Doch nach einer Weile merkte ich, dass, wenn ich länger in der Übung des Zazen saß, der Ausatem von ganz allein tiefer und länger wurde und sich im Bauch ein wohliges Gefühl von Wärme und Ruhe entwickelte. Mittlerweile bin ich so geübt, dass ich mich mit einem einzigen langen, tiefen Ausatemzug mitten im größten Chaos in eine Stille fallen lassen kann. Vorausgesetzt, ich erinnere mich an diese Möglichkeit. Dorthin können Sie auch kommen. »In der Ruhe liegt die Kraft« ist dann nicht mehr nur ein schöner Kalenderspruch.

Allerdings könnte es ja sein, dass ich mir das Gefühl von Wärme und Kraft nur eingebildet habe. Für die Skeptikerinnen deshalb eine Erfahrung, die mich davon überzeugt hat, dass es das Kraftzentrum im Unterbauch wirklich gibt. Bei einem Zen-Workshop wurden wir aufgefordert, uns zu zweit gegenüberzustellen. Zuerst sollten wir uns mit aller Kraft auf unseren Kopf konzentrieren. Unser Gegenüber bekam die Aufgabe, uns mit einer Berührung an der Schulter aus dem Gleichgewicht zu bringen. Im zweiten Durchgang lautete die Anweisung: Konzentriere dich voll und ganz auf deinen Unterbauch. Der Unterschied war verblüffend. Als ich alle Energie und Konzentration in meinem Unterbauch sammelte, hatte mein Gegenüber, ein kräftiger Mann, nicht nur zu meinem, sondern auch zu seinem Erstaunen keine Chance, mich aus dem Gleichgewicht zu bringen.

Das war der Moment, in dem es *klick* machte. Ich spürte, dass dies der Zustand war, den ich brauchte. Und nicht nur ich: Alle Frauen, die über Energiemangel klagen und darüber, wie schnell sie ihre innere Mitte verlieren und hektisch und rastlos werden. Die körperliche Erfahrung, den energetischen Schwerpunkt zu verlagern und so anders im Leben zu stehen, beeindruckte mich. Ich gebe sie im Coaching gern weiter. Viele Frauen empfinden es als Offenbarung, wenn sie durch einen zentrierten Stand spüren, dass sie so schnell von niemandem umgehauen werden können. Alle Kampfkünste nutzen dieses Wissen. Ob Aikido, WingTsun oder Kung-Fu, immer geht es darum, die Bewegung aus der Körpermitte entstehen zu lassen.

Das klingt ja alles ganz schön. Ich würde auch gern meditieren, sagen mir viele Frauen, aber ich kann das nicht. Ich habe es probiert, aber ich bin viel zu unruhig und verspannt, mein Rücken tut weh, die Schultern schmerzen, Stille macht mich nervös. Was mache ich nur mit den ganzen Gedanken?

All diese Hindernisse sind normal und dennoch kein Grund, das Meditieren gleich zu verwerfen. Die Sehnsucht, in die Kraftmitte zu kommen, sich mit einem langen Ausatem zentrieren zu können, reicht aus. Wir müssen es nicht Meditation nennen und können uns ein anderes Wort einfallen lassen, das nicht so viel Druck macht und vielleicht ein Lächeln aufs Gesicht zaubert.

Übung: Spannung loslassen

Wir können in jeder Situation immer wieder mit dem Ausatmen Spannung loslassen. Zum Beispiel in einer Pause. Wir können uns für ein paar Minuten auf einen Stuhl setzen, mit der Aufmerksamkeit durch den Körper wandern und erspüren, ob es eine Stelle oder Region gibt, wo wir Spannung oder Schmerz wahrnehmen. Und dann den Atem sanft dorthin lenken und mit dem Ausatmen die Spannung nach unten abfließen lassen in die Erde. Wir sollten keine schnelle Wirkung erwarten. Vielleicht löst sich die Spannung, vielleicht nicht. Wir wandern einfach weiter zur nächsten Stelle, wo wir ein Unwohlsein spüren, und lassen überflüssige Spannung abfließen.

Gut zu wissen: Lockerung und Entspannung beruhigen das sympathische Nervensystem, das sich entwickelt hat, damit wir bei Bedrohungen fliehen oder flüchten können. Wenn wir Spannungen mit dem Atem loslassen, werden weniger Stresshormone ausgeschüttet. Eine ruhige, verlängerte Ausatmung stärkt das parasympathische Nervensystem, das für Ruhe und Regeneration sorgt und die Herzfrequenz senkt.

Meine Erfahrung: Die kräftigende und zentrierende Wirkung der Zenimpulse kann sich nur entfalten, wenn Sie dranbleiben und sich nicht entmutigen lassen von Unlust, Müdigkeit oder Unruhe. Meditation ist kein Sprint, sie braucht Langläuferinnenqualitäten. Die gute Nachricht ist: Darin sind Sie geübt. Frauen sind prädestiniert für die Langstrecke, nur leider bleiben sie häufig an Projekten, Aktivitäten und Menschen dran, die ihnen eher Energie rauben. Kein Wunder, dass sie dann überzeugt davon sind, keine Zeit und Energie zu haben, um ein paar Minuten in Stille zu sitzen. Der Energietank ist bereits leer. Zazen ist eine wirksame Möglichkeit, aus dem Teufelskreislauf aus Überspannung und Erschöpfung auszusteigen. Die Crux: Wenn wir schon erschöpft sind, können wir uns nicht vorstellen, uns aufrecht auf ein Meditationskissen zu setzen. Dagegen hilft nur, es trotzdem zu tun. Wenn wir erst mal sitzen, beruhigt sich unser System langsam, und wir können wieder einen klaren Gedanken fassen oder spüren einen deutlichen Körperimpuls. Vielleicht taucht der Gedanke auf: »Ich sage das Meeting heute Nachmittag ab, es ist ohnehin nicht so wichtig, dass ich dabei bin.« Oder der Körper signalisiert uns, dass es Zeit ist, sich etwas zu dehnen und zu strecken.

Am Anfang brauchen wir also die Kraft der Überwindung. Oft hindert uns der kindliche Wunsch, es möge doch einen magischen Trick geben, durch den sich Stress und andere unangenehme Zustände in Bruchteilen von Sekunden auflösen lassen. Ganz ohne Anstrengung. Der Zeitgeist nährt dieses magische Denken. Zeitschriftenartikel und Instantratgeber versprechen vollkommene Entspannung in drei Minuten. Zen enttäuscht solche Erwartung von vorneherein. Es geht nicht darum, woanders hinzukommen, sondern vollständig da zu landen, wo wir gerade sind. Mitten in unserer Unruhe, mitten im Zeitdruck, mitten in der Müdigkeit.

Vollkommen da sein. In diesem Augenblick.

Um nichts anders geht es in der Übung des Zazen. Aufhören zu träumen, voll da zu sein, ganz wach zu werden. Mit unseren körpereigenen Endorphinen, die allerdings nicht sofort beim ersten Meditationsversuch ausgeschüttet werden, sondern erst wenn wir in der Übung angekommen sind und es uns gelingt, mit dem Ausatem in einen ZENtrierten Zustand zu kommen. Jeden Tag neu.

Silence to go – Raum schaffen für Stille im Alltag

Als es mit Zazen und mir ernst wurde, war meine Tochter erst sechs. Ich wusste nicht, wie ich es schaffen sollte, regelmäßig zu meditieren. Ich musste für mein Gefühl ohnehin schon viel zu früh aufstehen, um Brote zu schmieren, und tat mir deswegen manchmal leid. Und wenn sich endlich das Gefühl einstellte, bei der Arbeit richtig in Fahrt zu kommen, war es schon wieder höchste Zeit, zum Hort zu gehen. Dann noch einkaufen, kochen … Und jetzt auch noch Meditation, wo ich ja sonst nichts zu tun hatte und es schon schwer genug gewesen war, mir ein Zeitfenster für meine Joggingrunden zu erobern. Wie sollte das gehen?

»Wenn du Zeit hast, meditiere 25 Minuten, wenn du keine Zeit hast, 45 Minuten,« sagte mein damaliger Zenlehrer. »Denn wenn du am Tag nicht mal 25 Minuten für dich freiräumen kannst, bist du nicht Herrin im eigenen Haus. Du lebst in einem Palast, bewohnst aber nur die Besenkammer.« Die Sätze prasselten auf mich nieder, ich wurde immer kleiner. »Du leidest nicht unter Zeitmangel. Dein Problem ist mangelnde *Selbstwertschätzung.*« Peng. Das saß. Zenmeister sind nicht dafür bekannt, sich besonders diplomatisch zu verhalten, sie greifen gern mal zur Keule, um das Brett vor dem Kopf mit einem gezielten Schlag zu zertrümmern. Das ist ihr Job. Ich hätte mich beleidigt zurückziehen und nie mehr wiederkommen können, aber ich wusste sofort, dass er ins Schwarze getroffen hatte. Treffer, versenkt. Ich fühlte mich erkannt in dem, was mich in der Tiefe blockierte, und diese Erkenntnis wirkte wie ein Weckruf und gab mir die Anschubkraft, nach und nach etwas zu verändern.

Es stimmte, ich gab allen anderen mehr Raum als mir selbst. Ein inneres Verbot hinderte mich daran, mir Raum für mich zu nehmen. Dieses innere Verbot kennen fast alle Frauen, denen ich begegne. Es ist ein Produkt der weiblichen Sozialisation. Selbst die jungen Frauen in der Generation meiner Tochter, die mit anderen Botschaften aufgewachsen sind, kennen dieses Verbot. Einfach nur dazusitzen, nichts zu tun, meinem Atem zu folgen, kam mir vor wie ein unverschämter Luxus. Es gab doch so viel zu tun. »Nur noch schnell die Welt retten, dann komme ich zu mir.« Das war mein Motto. Gleichzeitig hatte ich die Nase gestrichen voll von diesem vollautomatisch ablaufenden Programm. Ich wollte mein Leben nicht mehr länger in der Besenkammer verbringen, sondern den gesamten Palast erkunden und endlich zur Schatzkammer vorstoßen.

Wie sieht es in Ihrem inneren Haus aus? In welchem Raum verbringen Sie die meiste Zeit? Im Arbeitszimmer, im »To-do-Raum«, in der »Kommt alle zu mir, die ihr mühselig und beladen seid«-Kammer, im »Salon der Lebensfreude«, auf dem »Platz des süßen Nichtstuns«, im »Kreativitätszimmer«? Wie gefällt Ihnen Ihr Raumkonzept? Und falls es Ihnen nicht gefällt: Wer kann etwas daran ändern? Hier meine bescheidene Lebenserfahrung: Wenn Sie darauf warten, dass Ihnen jemand die Erlaubnis gibt, sich 20 Minuten hinzusetzen, Ihrem Atem zu folgen und nichts zu tun, können Sie lange warten. Sie haben keine Zeit? Sie können es sich nicht leisten, 25 Minuten nichts zu tun? Glauben Sie das wirklich?

Sie müssen nicht alles glauben, was Sie denken.

Für den verbalen Tritt meines Zenlehrers bin ich noch immer dankbar, auch wenn er wehtat. Ich brauchte den Tritt, um zu erkennen, dass mein Mantra »Ich habe keine Zeit« nur ein Gedankenkonstrukt war. Plötzlich begriff ich: Ich musste nicht alles glauben, was ich denke. Ich konnte nun meine Fantasie mobilisieren und eine Lösung finden, die denkbar einfach war. Der Wecker klingelte fortan eine halbe Stunde früher. Ob ich nun um sechs oder um halb sieben aufstand, machte auch keinen großen Unterschied. Es war mir ohnehin zu früh, da kam es auf eine halbe Stunde nicht an. Dieses Argument konnte mein Verstand nachvollziehen. Ich hörte auf, mit mir zu diskutieren, setzte mich einfach hin und folgte der Empfehlung der Zen-affinen Regisseurin und Autorin Doris Dörrie: »Sit down and shut up.«

Selbstreflexion

- Was hält Sie davon ab, sich Zeit für Stille zu nehmen?
- Wie lautet Ihre innere Überzeugung? Ich habe keine Zeit. Ich muss so viel machen. Ich darf mich nicht ausruhen. Ich muss immer powern …?
- Wer wären Sie ohne diese Gedanken?
- Wollen Sie sich diesen Gedanken weiterhin unterwerfen?
- Wenn nicht, wie können Sie sie lustvoll in die Tonne treten oder anders entmachten?

Die wichtigste Person in Ihrem Leben sind Sie selbst. Nur wenn es Ihnen gut geht und Sie in Ihre Mitte finden, können Sie für andere sorgen und Ihre Arbeit gut machen. Das wissen Sie natürlich längst, das sagt Ihnen Ihre innere Therapeutin auch immer mal wieder, aber es nützt alles nichts, wenn dieses Wissen im Kopf stecken bleibt und den Weg nicht durchs Herz in den Bauch findet. Lust auf ein kleines Experiment?

Halten Sie einen Moment inne. Schließen Sie, wenn Sie mögen, die Augen. Sagen Sie sich innerlich ein paarmal: *Ich bin die wichtigste Person in meinem Leben.* Achten Sie darauf, welche Gedanken, Gefühle und Körperempfindungen auftauchen, wenn Sie diesen Satz stumm wiederholen.

Selbstreflexion

- Wie klingt dieser Satz für Sie?
- Welche Gegenargumente tauchen auf?
- Durften Sie sich in Ihrer Herkunftsfamilie selbst ernst und wichtig nehmen? Oder welche Botschaften haben Sie darüber gehört?
- Was haben Sie über Stille und Momente des Nichtstuns gelernt?
- Welche Glaubenssätze haben Sie verinnerlicht?
- Was könnte ein erster, kleiner Schritt sein, sich selbst mehr Raum zu gönnen?

Als älteste Schwester hatte ich früh gelernt, mich zurückzunehmen und mich um andere zu kümmern. Dieses Muster setzte ich fort, auch als keine kleinen Brüder mehr in der Nähe waren und mich niemand mehr ermahnte, vernünftig zu sein und mich wie eine Große zu verhalten. Die Ermahnungen übernahm ich fortan selbst. Die meisten Frauen haben durch ihre Sozialisation gelernt, die Bedürfnisse der anderen über ihre eigenen zu stellen. Allein die Vorstellung, sich selbst Raum zu gönnen, kann sich anfühlen wie eine unzulässige Grenzüberschreitung. Ist das nicht wahnsinnig egoistisch?

Um Missverständnissen vorzubeugen: Das Ziel von Zen ist nicht, nur noch um die eigenen Bedürfnisse zu kreisen und sich von der Welt zurückzuziehen. Im Gegenteil. Es geht darum, in Kontakt zu kommen mit der Tiefe des Lebens und von dort aus der Welt zu begegnen. Gesammelt, geerdet, kraftvoll. Doch dies ist nur möglich, wenn wir uns selbst das gleiche Recht zugestehen wie anderen, wenn wir uns selbst genauso ernst nehmen wie unsere Lieben.

Die Entscheidung, den Tag mit Stille zu beginnen, stellte mein Muster, immer zuerst für andere da zu sein, auf beiläufige Weise auf den Kopf. Bevor ich etwas im Haushalt, für meine Familie oder meinen Job machte, kümmerte ich mich erst mal um mich. Jeden Morgen. Auch am Wochenende. Durch die 25 Minuten, die ich fortan morgens auf meinem Bänkchen saß, verbesserte sich meine Lebensqualität. Ich richtete mir einen Meditationsplatz im Schlafzimmer ein mit einer bequemen Meditationsmatte und einem Bänkchen, damit ich gleich vom Bett auf die Matte fallen konnte. Nach einer Tasse Tee ließ ich mich dort nieder und stellte mir einen Timer. Zu meiner Überraschung gesellte sich bald mein Mann dazu, und damit löste sich völlig undramatisch ein für mich vorher unüberwindlich scheinendes Hindernis, das ich mir im Kopf konstruiert hatte. (Wenn ich meditiere, wecke ich ihn, das findet er wahrscheinlich doof, dann ist er sauer, und es gibt Stress …) Inzwischen sitze ich länger, das Bedürfnis, länger in der Stille zu verweilen, entwickelte sich irgendwann von selbst. Die Sehnsucht, die Stille tiefer zu erforschen, wurde mein Motor. Sehnsucht trägt weiter als Disziplin, wenngleich es nicht ganz ohne Disziplin geht. Übrigens: Es ist absolut nicht notwendig, im vollen Lotus zu sitzen wie die gelenkigen Models in der Werbung. Der Fersensitz auf einem Bänkchen oder der Schneidersitz oder der sogenannte burmesische Sitz mit gekreuzten Beinen und den Unterschenkeln flach auf dem Boden tut es auch.

Bevor Sie jetzt in Panik geraten, weil Sie denken, das wird ja immer länger. Erst schreibt sie von 25 Minuten, jetzt ist sie womöglich schon bei 45. Wo soll das enden? Ich kann Sie beruhigen. Es kommt nicht darauf an, dass Sie eine ganz bestimmte Zeitspanne sitzen. Es muss auch nicht frühmorgens sein, wenn Sie eher eine Eule sind. Und wenn Sie ein Baby zu versorgen haben, ist es definitiv keine gute Idee, morgens zu meditieren. Entscheidend ist, dass Sie den inneren Schalter umlegen und sich gestatten, eine Zeit des Tages ohne Verpflichtungen in Stille zu verbringen. Und mehr als fünf Minuten sollten es schon sein. Denn fünf Minuten brauchen wir meist, um innerlich zu landen. Erst wenn wir länger sitzen, haben wir die Chance, das Gedankenkarussell zu verlangsamen und uns etwas tiefer fallen zu lassen.

Gut zu wissen: Aus Zenperspektive ist morgens die beste Zeit, um zu meditieren. Der Tag ist noch frisch und unbestimmt, der Geist noch nicht überfüllt. In der Stille des Morgens haben wir die Chance, die Qualität des Tages zu erspüren und uns innerlich auszurichten, bevor die Geschäftigkeit beginnt und der Geist sich wieder zerstreut. Die Zentrierung, die entsteht, wenn wir unserem Ausatem folgen, können wir mitnehmen in unsere Aktivitäten. So bekommt der Tag eine andere Färbung. Im Zen wird empfohlen, 25 Minuten zu meditieren. Die 25 Minuten kommen aus der klösterlichen Tradition des Zen. Etwa 25 Minuten dauert es, bis ein Räucherstäbchen abgebrannt ist. Auch die neurowissenschaftliche Forschung zeigt, dass der Geist, wenn wir länger als 15 Minuten sitzen, in eine tiefere Stille kommt. Nach 15 Minuten entsteht oft der Drang, aufzuspringen und etwas zu erledigen. Wenn wir diesem Drang widerstehen und sitzen bleiben, ist es oft möglich, tiefer einzutauchen und in eine größere Ruhe zu kommen.

Wenn Sie ein Morgenmuffel sind, bedeutet das nicht, dass Meditation nichts für Sie ist. Aber die Aussicht, verschlafen im Morgengrauen aufrecht auf einem Kissen zu sitzen, klingt vermutlich nicht besonders reizvoll. Sie können auch abends meditieren, bevor Sie ins Bett gehen, oder besser noch am frühen Abend und in der Stille den Ballast des Arbeitstages loslassen. Aber auch wenn für Sie der Spruch gilt »Der frühe Vogel kann mich mal«, können Sie vielleicht damit experimentieren, anders in den Tag zu starten. Noch ein paar Minuten liegen bleiben und den Körper von Kopf bis Fuß erspüren. In Ruhe einen Tee im Bett trinken, bevor Sie irgendetwas anderes tun. Sich fünf Minuten auf den Balkon oder in den Garten stellen und in den Himmel schauen. Ich gebe zu, dass auch ich manchmal verführt bin, noch auf meine Nachrichten zu schauen, bevor ich mich auf meine Matte setze, aber es rächt sich jedes Mal. Die ersten Minuten bin ich dann damit beschäftigt, das, was ich gelesen habe, wieder loszuwerden. Die Regisseurin und Autorin Doris Dörrie nutzt die Stille und Frische des Morgens, fängt bereits im Bett an zu schreiben und verschiebt das Frühstück manchmal bis in den Nachmittag. Nach dem Frühstück müsse sie Tassen abspülen, Geschirr in die Spülmaschine räumen und gerate dann in einen Modus von Geschäftigkeit, der die Kreativität zerstört, erzählte sie dem »Spiegel«. So ähnlich ist es mit dem Meditieren. Erreichen wir erst mal die reguläre Betriebstemperatur, ist es nicht mehr so leicht, in den Stand-by-Modus herunterzuschalten.

Und was sagt die Wissenschaft?

Um eine neue Gewohnheit dauerhaft in unser Leben zu integrieren, brauchen wir laut Neurowissenschaftlern im Schnitt 66 Tage. So lange sollten wir dem Experiment Meditation eine Chance geben, wenn wir ahnen, dass es heilsam sein könnte, den Tag mit Stille zu beginnen. Es müssen nicht gleich 25 Minuten sein. Jeden Morgen fünf Minuten sind ein guter Anfang. Lieber bescheiden anfangen und dafür dranbleiben, als sich gleich zu viel vornehmen und frustriert aufgeben. Steigern können wir uns immer noch. Ein fester Platz und eine feste Uhrzeit sind hilfreich, aber wir sollten nicht auf die perfekte Zeit und den perfekten Platz warten. Entscheidend ist, anzufangen. Heute. Jetzt.

Besser unperfekt beginnen, als perfekt zu zögern

Warum ist es wichtig, in aufrechter Haltung zu meditieren, sich einen Timer zu stellen und möglichst regelmäßig zu praktizieren? Wäre es nicht viel entspannter, zu liegen? Ist es nicht genauso gut, zwischendurch mal zwei Minuten innezuhalten und tief zu atmen oder auf einer Parkbank zu sitzen und dem Gezwitscher der Vögel zu lauschen?

Meine Erfahrung: Natürlich ist es wunderbar, Momente der Stille zu genießen. Ohne eine regelmäßige Meditationspraxis gelingt es jedoch gar nicht so leicht, in einen Zustand von Präsenz zu kommen. In einen Zustand, in dem wir die Schönheit des Augenblicks bemerken und genießen können. Weil im Kopf die To-do-Liste weiterrattert oder die innere Buchhalterin dazu aufruft, jetzt endlich wieder produktiv zu werden. Die regelmäßige Sitzmeditation hilft uns, Zentrierung, Wachheit und Offenheit zu festigen, und schafft so einen Nährboden für Momente der Achtsamkeit beim Gehen, Duschen, Kochen, Essen. Achtsamkeit ist die Fähigkeit, wertfrei wahrzunehmen, was in diesem Moment gerade geschieht, innen und außen. Mit fortschreitender Übung von Zazen wird es leichter, Momente der Achtsamkeit im Alltag zu erleben.

»Zen ist nicht etwas Aufregendes, sondern Konzentration auf deine alltäglichen Verrichtungen.«

(Meister Shunryu Suzuki)

Bauch, Beine, Po – mit dem Körper ins Reine kommen

Meditation wird oft als völlig vergeistigt dargestellt. Mit Zen verbinden viele Bilder von kahlköpfigen, schwarz gekleideten Mönchen. In der Werbung sitzen Frauen in engen Tops selig lächelnd an einem Karibikstrand. Sie wirken entrückt, wie nicht von dieser Welt. Meditation erscheint wie eine außerkörperliche, exotische Erfahrung. Doch das ist ein Missverständnis. Auch ich dachte lange, Meditation sei ein reines Kopftraining. Da ich mich ohnehin schon überwiegend im Kopf aufhielt, wollte ich das nicht noch verstärken und probierte viele Varianten von Körpertraining aus. Aikido, Tanzen, Joggen, Yoga, ich habe nichts ausgelassen und mich immer viel bewegt und laufe auch heute regelmäßig meine Runden durch den Park und übe Qigong. Obwohl ich nie ein Couchpotato war, bekam ich ausgerechnet in der Zenmeditation zum ersten Mal das Gefühl, wirklich in meinem Körper anzukommen. Plötzlich schien es mir, als sei ich vorher wie eine Außerirdische herumgeflitzt, ruhelos, immer in Bewegung, immer auf der Suche. Nun erst war ich sanft gelandet, auf der Erde, auf der Matte, in der Gegenwart, bei mir, in meiner Wirklichkeit. Erst im stillen Sitzen konnte ich meinen Körper vollständig spüren. Sitzen und atmen. Es genießen, da zu sein, ohne etwas Besonderes zu wollen. Nach und nach realisierte ich, dass mein Körper mein Zuhause ist, in dem ich mich geborgen, sicher und wohlfühle, auch wenn die Schulter schmerzt oder die Nase kribbelt. Die Radikalität des Einfach-nur-da-Seins empfand und empfinde ich immer wieder als ungeheuer heilsam.

Zenmeditation ist eine zutiefst körperliche Erfahrung. Leider wissen das viele nicht, weil im Zen oft die Rede ist vom Nichtdenken. Auf diese Weise entsteht der Eindruck, es gehe darum, sich aus dem Körper wegzubeamen in eine andere geistige Sphäre. Und dann diese puristische Übung: Keine musikalische Untermalung, keine inneren Bilder von Sommerwiesen, Flüssen oder Meereswellen. Keine Visualisierung von Licht, das den Körper durchströmt wie im Yoga, keine Anleitung, sich in Trance fallen zu lassen wie bei der Hypnose. Nur aufrecht und still sitzen und dem Ausatem folgen. Wie soll das helfen, sich im Körper zu Hause zu fühlen? Ich konnte es mir anfangs auch nicht vorstellen. Der Schlüssel besteht darin, alle Vorstellungen loszulassen, den Körper von innen zu spüren und ihn in Ruhe zu lassen. Das heißt, ihn so zu lassen, wie er ist, ohne ihn zu manipulieren.

Viele Frauen sind darauf getrimmt, ihren Körper ständig prüfend von außen zu betrachten und durch Diäten und Sport zu optimieren. Um im Job die Leistung zu bringen, die sie von sich erwarten, gehen sie zu häufig über ihre Grenzen, bekämpfen Schmerzen mit Tabletten, Müdigkeit mit Kaffee, Unlust mit strengen Durchhalteparolen. Ein häufiges Thema im Coaching ist, dass Frauen sich von ihrem Körper im Stich gelassen fühlen. *Ich verstehe das nicht. Solche Aufgaben habe ich früher locker geschafft, jetzt strengt mich das wahnsinnig an. Das kann doch nicht sein. Ich muss mich zusammenreißen*. Diese Haltung, die uns völlig normal erscheint, ist Ausdruck einer tiefgreifenden Entfremdung. Wir haben den Kontakt zu unserem Körper, unseren Gefühlen und Sinneswahrnehmungen verloren. Viele Frauen beklagen, dass sie sich wie erstarrt fühlen. *Ich fühle mich so eingeengt. Ich arbeite nur noch Listen ab und erledige mechanisch meinen Job. Es fühlt sich alles so dumpf an. Das kann es doch nicht sein. Ich möchte mich mal wieder lebendig fühlen.*

Kein Wunder. Wir haben uns in ein Zeitkorsett gezwängt, das kaum Raum lässt, den Geist zu entspannen, auszuruhen und uns für unsere Gefühle und unsere Situation jetzt in diesem Moment zu öffnen. Wir leben in einer ausbeuterischen Kultur und machen alles, auch unseren Körper, zu einem Objekt. Der Satz »Ich muss mich mal wieder um meinen Körper kümmern« bringt diese Spaltung zum Ausdruck. Selbst wenn wir uns vermeintlich um unseren Körper kümmern, befinden wir uns meist doch nur im Kopf und machen uns Gedanken über unseren Körper, spüren ihn jedoch nicht wirklich. Die Einladung, den Körper von innen zu spüren und ihn so zu lassen, wie er ist, konfrontiert uns also gleich mit zwei Hürden: Wir haben uns abgekoppelt von der Intelligenz und Weisheit des Körpers und verstehen die Sprache nicht mehr, die der Körper spricht. Und wir sind fixiert darauf, ihn nach unserem Idealbild zu formen. Deshalb braucht es Zeit und geduldiges Experimentieren, bis sich allmählich ein Gewahrsein entwickelt, das im Körper angesiedelt ist und nicht in unserem Verstand. Auch wenn es anfangs nicht leichtfällt, das gängige Kontrollmuster loszulassen, allein die Bereitschaft, den Körper für eine Weile zu spüren, ohne etwas an ihm verändern zu wollen, kann bereits entspannend und lösend wirken. Vielleicht probieren Sie es gleich einmal für ein paar Minuten aus.

Übung: Den Körper wahrnehmen

Nehmen Sie eine aufrechte Sitzhaltung ein. Spüren Sie nach innen. Nehmen Sie die Unruhe, Bewegung und Energie wahr. Öffnen Sie sich dafür, Ihren Körper wahrzunehmen, so wie er jetzt ist. Wie fühlt sich Ihr Körper an, bevor Sie sich eine Vorstellung davon machen? Machen Sie sich frei von allen Bildern, wie Ihr Körper sein sollte. Lassen Sie alles genauso, wie es ist. So wie es ist, ist es gut.

Selbstreflexion

- Wie war diese kleine Übung?
- Haben Sie Ihren Körper eher von außen betrachtet?
- Haben Sie sich geärgert, weil Sie den Eindruck hatten, bestimmte Regionen nicht spüren zu können?
- Haben Sie Schmerzen oder Spannungen wahrgenommen, die Sie am liebsten gleich weghaben wollten?
- Haben Sie gedacht: Ich muss dringend abnehmen und mehr Sport machen?

Willkommen im Club. Diese unspektakulär klingende Übung hat es in sich. Wir fangen sofort an zu bewerten – richtig / falsch, angenehm / unangenehm, symmetrisch / asymmetrisch, schön / hässlich, verspannt / entspannt, lebendig / taub. Diese Bewertungen entfremden uns von dem, was wir unmittelbar wahrnehmen, und bringen uns aus dem Kontakt. Als ich zum ersten Mal den Satz hörte, »So wie der Körper jetzt ist, ist er genau richtig«, stieß ich spontan einen Seufzer der Erleichterung aus. Nach solch einer Aussage hatte ich mich lange gesehnt, ohne es zu wissen.

Was ist Ihr bevorzugtes Muster, aus dem Kontakt mit sich selbst zu gehen? Haben Sie sich daran gewöhnt, Warnsignale wie Spannungskopfschmerzen, Müdigkeit, brennende Augen, Unwohlsein zu ignorieren? Nehmen Sie sie gar nicht mehr oder nur noch ganz schwach wahr? Betrachten Sie Ihren Körper eher wie eine Maschine, die funktionieren soll?

Sind Sie vor allem damit beschäftigt, Ihren Körper zu optimieren mit Yoga, Joggen, Diäten, Krafttraining? Das alles tut nur so lange gut, wie wir in Kontakt sind mit unserem Körper und ihn nicht manipulieren wollen. Denn das bedeutet Kampf, und Kampf kostet unendlich viel Energie. Zen ist ein Weg, den Kampf mit dem Körper zu beenden. Wir üben, ihn einfach in Ruhe zu lassen.

Wenn ich Frauen im Coaching frage, ob sie ihren Körper spüren, antworten einige spontan mit einem Fragezeichen im Gesicht, andere mit »Ja, ich glaub schon«, doch oft stellt sich heraus, dass sie sich ihren Körper nur vorstellen. Kein Wunder. In unserem modernen Leben, das sich überwiegend in geschlossenen Räumen und vor Bildschirmen abspielt, verlieren wir den Kontakt zum Körper, ohne es zu merken. Die meiste Zeit sind wir mit unseren Gedanken in weit entfernten Galaxien unterwegs, an anderen Orten, in vergangenen oder zukünftigen Zeiten. Der Bildschirm entwickelt eine magische Sogkraft, die uns kopflastig macht. So wird uns der Körper fremd – trotz Yoga, Pilates, Joggen und Fitness-Apps. Hier kann Zen helfen. Wenn wir dauerhaft in unsere Kraft kommen wollen, müssen wir ganz neu Kontakt aufnehmen mit unserem Körper.

Wenn es Ihnen schwerfällt, Ihren Körper zu spüren und sich einfach für das zu öffnen, was auftaucht, kann es hilfreich sein, die Aufmerksamkeit nach und nach auf verschiedene Körperbereiche zu richten:

- Fangen Sie mit einem Teil des Körpers an, den Sie gut identifizieren und spüren können. Sie können zum Beispiel mit dem Unterbauch beginnen. Von dort strahlt Energie aus, und auch Spannungen sind gut zu spüren.
- Richten Sie Ihre Aufmerksamkeit dann zum Beispiel auf Ihren Herzraum oder auf Ihre Gliedmaßen, Füße, Finger oder Zehen.

- Mit der Zeit werden Sie spüren, dass der große Zeh ein Universum für sich ist, mit Mustern von Spannung und Entspannung, Erstarrung und Weichheit, von Schmerz und Wohlbefinden.

Anfangs kann es sich so anfühlen, als würden wir den Körper von außen betrachten und ihn nur wahrnehmen, wenn wir die Aufmerksamkeit gezielt lenken. Mit der Zeit können wir bemerken, dass im ganzen Körper bereits Bewusstheit da ist. Wenn es Ihnen leichter fällt, einzelne Körperregionen zu spüren, können Sie die gerichtete Aufmerksamkeit weglassen, sich einfach hinsetzen und sich für das öffnen, was gerade an Körperempfindungen auftaucht.

Für mich war es eine überwältigende Erfahrung, als ich irgendwann realisierte, dass *ich* dieser Körper bin. Mich durchströmte ein warmes, helles Glücksgefühl. Ich wusste, dass ich ab sofort immer zu Hause sein würde, egal an welchem Ort. Das bedeutet nicht, dass ich mich immer wohlfühle und entspannt bin. Aber ich bin zu Hause in meinem Körper, auch wenn ich Schmerzen oder Spannungen spüre.

Gut zu wissen:

- Die Zenübung der Körperwahrnehmung unterscheidet sich vom Bodyscan, wie er im MBSR (Mindfulness based stress reduction, achtsamkeitsbasierte Stressreduktion) gelehrt wird, und von der Reise durch den Körper, wie sie in vielen Yogarichtungen praktiziert wird.
- Beim Bodyscan wird die Aufmerksamkeit zielgerichtet in alle Regionen des Körpers gelenkt, von den Zehen bis zum Scheitel. Auch bei der Körperreise im Yoga wird eine Reihenfolge angeleitet. In der Zenübung der Körperwahrnehmung geht es darum, die Wahrnehmung ganz offen und ungerichtet auf den Körper zu lenken. Das, was auftaucht, ist genau richtig. Der Körper darf sich ruhig asym-

metrisch anfühlen. Vielleicht sind manche Teile gar nicht zu spüren, auch das ist vollkommen in Ordnung.

- Mit der Zeit kann eine ganzheitliche, großflächige Wahrnehmung entstehen und ein Gefühl von Zuhausesein im Körper.

Zen ist ein Weg, die Spaltung von Körper und Geist zu überwinden und unmittelbar zu erfahren, dass beide zusammengehören und nicht getrennt sind.

Selbstreflexion

Stellen Sie sich vor, Sie fühlen sich in Ihrem Körper vollkommen zu Hause. Sie verstehen seine Sprache, können die Signale lesen und seiner Intelligenz folgen.

- Wie lange würden Sie schlafen?
- Wie sähe Ihr Tagesrhythmus aus?
- Was würden Sie essen?
- Welche Bewegungsform wäre die passende?
- Wie sähe Ihr Jahresrhythmus aus?
- Mit wem würden Sie viel Zeit verbringen, mit wem weniger oder gar keine mehr?

Ich weiß, das klingt nach einem unrealistischen Wunschkonzert. Ihr Chef hat vermutlich andere Vorstellungen vom idealen Arbeitsrhythmus als Sie. Und Ihr Partner oder Ihre Partnerin verdreht beim Stichwort ayurvedische Ernährung vielleicht die Augen. Dennoch sind diese Fragen hilfreich. Wie groß ist die Diskrepanz zwischen den spontanen Antworten, die Sie auf diese Fragen gefunden haben, und dem, wie Sie wirklich leben? Versuchen Sie, die Lücke zu verkleinern durch kleine Veränderungen. Zazen wird Ihnen dabei helfen zu spüren, was Ihr Körper wirklich braucht.

Setzen Sie sich für ein paar Minuten auf Ihren Meditationsplatz oder auf einen Stuhl. Spüren Sie den Körper, den

Fluss des Atems. Wie fühlen Sie sich mit den Antworten auf die Fragen? Wenn Sie frustriert sind, weil Ihnen gerade deutlich geworden ist, dass Sie nach einem fremden Rhythmus leben oder sehr unzufrieden sind mit Ihrer Ernährung, ist das kein Grund zu verzweifeln. Überlegen Sie: Was könnte ein kleiner, nächster Schritt sein in die Richtung, die Sie sich wünschen?

Das Prinzip des Kaizen

Es geht nicht darum, alles auf einmal zu verändern. Das gelingt meist sowieso nicht. Versuchen Sie es lieber mit der Kaizen-Methode. *Kaizen* ist eine japanische Lebens- und Arbeitsphilosophie und ein methodisches Konzept. Übersetzt bedeutet Kaizen »Wandel zum Besseren«. Im Kaizen heißt es, dass kleine, schrittweise Veränderungen, konsequent und kontinuierlich umgesetzt, die größte Wirkung haben. Durch kleine Schritte in die gewünschte Richtung erzielen Sie die besten Ergebnisse. Im Gehirn können so neue Verknüpfungen entstehen. Suchen Sie sich, um Ihrer gewünschten Richtung näher zu kommen, eine machbare Veränderung aus, und setzen Sie sie beharrlich um.

Einmal auftanken, bitte – das Energiezentrum im Unterbauch stärken

Was tun Sie, wenn Sie sich kraftlos und energielos fühlen? Einen doppelten Espresso trinken? Eine Freundin anrufen? Nach einer Entspannungs-App auf dem Smartphone fahnden? Meistens suchen wir nach einer Energietankstelle im Außen. Etwas oder jemand, eine Aktivität, eine Substanz, eine Technik, irgendein Trick soll uns wieder Energie bringen, am liebsten sofort. Aber das funktioniert immer nur für kurze Zeit oder mit Nebenwirkungen, weil der dritte Espresso zwar wach, aber auch hibbelig macht. Auf diese Weise können wir lange suchen und werden nicht wirklich fündig. Weil wir am falschen Ort suchen. Da draußen ist keine Tankstelle. Es geht darum, dass wir die Energiequelle in uns finden. In unserer verstandesbetonten Kultur sind wir darauf fixiert, sämtliche Probleme mit dem Kopf zu lösen. Wir haben die Idee, wir müssten nur anders denken und an unseren Glaubenssätzen arbeiten, um wieder ins Lot zu kommen. Viele Frauen, mit denen ich arbeite, sind geradezu besessen davon, ihre Einstellung zu optimieren und ihre Glaubenssätze zu verändern. Tatsächlich kann es hilfreich sein, die eigenen Glaubenssätze zu erkennen, zu hinterfragen und ungünstige zu entmachten. Und natürlich haben kraftvolle, positive Glaubenssätze eine andere Wirkung als destruktive, depressive. Damit arbeite ich auch im Coaching. Aber einen negativen Gedanken durch einen positiven zu ersetzen, bringt keine wirksame Veränderung. Nur bei den Gedanken anzusetzen, bleibt reine Kosmetik. Zen ist jedoch keine Kosmetik.

Zen ist eine Radikalkur. Zen geht an die Wurzel.

Tiefenwirkung erzielen wir nur, wenn wir tiefer gehen und die Energie dort suchen, wo sie tatsächlich sprudelt. Vom *Hara*, dem Kraft- und Energiezentrum im Unterbauch, war schon die Rede. Hier liegt der Schlüssel für unser Energiemanagement. Und gleichzeitig der Haken.

Denn die wenigsten Frauen haben ein harmonisches Verhältnis zu ihrem Bauch. Kein Wunder. Frauen wurde beigebracht, den Bauch einzuziehen. Ein flacher Bauch gilt zumindest in unserer westlichen Kultur als attraktiv, ein üppiger Bauch als Zeichen mangelnder Selbstdisziplin. Mit 15 habe ich mich flach auf den Teppich gelegt, den Bauch eingezogen und die Luft angehalten, weil ich unbedingt in eine viel zu enge Jeans passen wollte. Bis Mitte 30 war ich immer wieder versucht, meine Bauchform zu optimieren. Ich wusste gar nicht, wie sich ein entspannter Bauch anfühlt. Ich war ja immer darauf bedacht, ihn einzuziehen und in die Schranken zu verweisen. Frauen, die unter heftigen Menstruationsschmerzen leiden, haben das Gefühl, mit ihrem Bauch zu kämpfen.

Die Vorstellung, dass dort unser Kraftzentrum sitzt, erscheint in diesem Zustand absurd. Wie soll im Unterbauch Kraft entstehen, wenn er wehtut, sich verkrampft, Schmerzen verursacht? Ich war erschüttert, als meine Tochter mir als Kommentar zu diesem Abschnitt schrieb: »Unsere Bäuche müssen flach sein, dürfen eigentlich gar nicht existieren. Unsere Bäuche verraten uns, weil sie hormonell bedingt nach Süßigkeiten verlangen oder uns nachts mit Krämpfen wach halten. Wir sind in einem dauernden Kampf mit unseren Bäuchen.« Deshalb ist es so wichtig, in der Übung des Zazen ganz behutsam zu sein, nichts zu forcieren und erst einmal den Bauch zu entspannen.

Mir fällt auf, dass viele Frauen in Führungspositionen sich Sitzhaltungen angewöhnt haben, in denen sie den Bauch einziehen, verstecken, in Schach halten. Doch mit einem angespannten Bauch ist es schier nicht möglich, sich kraftvoll und energiegeladen zu fühlen. Da kann der Kopf noch so kraftvolle Gedanken produzieren. Wenn der Bauch verspannt ist, fehlt die Energie, sie umzusetzen. Das *Hara* ist blockiert.

Gut zu wissen: In östlichen Traditionen wird das *Hara* als die »Quelle des Lebens« bezeichnet. Es umfasst den gesamten Bauchraum. Sein Zentrum, in der chinesischen Medizin *Tan Tien* genannt, liegt zwei bis drei Fingerbreit unterhalb des Bauchnabels. Im Verständnis von Zen ist nicht der Verstand, sondern *Hara* das Zentrum unseres Seins. Im *Hara* kommen die zwölf Meridiane zusammen, versorgen die inneren Organe und verteilen die Lebensenergie *Qi* im Körper. Unterdrücken wir unsere natürlichen Impulse und Bedürfnisse, entstehen Spannungen und Blockaden. Nach Auffassung der chinesischen Medizin steuern die Organe im Unterbauch, also vor allem Dünndarm, Dickdarm, Blinddarm, Nieren und Harnsystem, die reinigenden und regenerierenden Prozesse und die Selbstheilung.

Die chinesische Medizin nennt die Lebensenergie *Qi*, japanisch *Ki*, auch »Atem des Himmels«. Sie geht davon aus, dass *Qi* den gesamten Körper durchdringt und die Organe versorgt und erst ein Ungleichgewicht von *Qi* zu Erkrankungen führt. Demnach kann eine Schwächung, eine Blockade oder auch ein Überschuss an *Qi* ein Organ, oder auch ein ganzes Organsystem, krank machen.

Und was sagt die Wissenschaft?

Das enterische Nervensystem, umgangssprachlich Bauchhirn genannt, kommuniziert über die Wirbelsäule mit dem Gehirn. 90 Prozent der Informationen gehen von unten nach oben und nur zehn Prozent vom Kopf zum Bauch. Viele davon gelangen über den Vagusnerv in die Hirnregion, die für Emotionen zuständig ist, das sogenannte limbische System. So beeinflusst unser Bauchhirn auch unser Wohlbefinden.

In der östlichen Tradition gilt *Hara* nicht nur als Quelle der Lebenskraft, sondern auch als Raum für spirituelle Entwicklung. Wenn wir uns in der Zenmeditation in der inneren Mitte verankern, beruhigt sich allmählich das Gedankenkarussell. Der ständig plappernde Verstand wird leise oder manchmal sogar ganz still.

Selbstreflexion

- Welcher Gedanke taucht zuerst auf, wenn Sie an Ihren Bauch denken?
- Wie wurde Ihr Bauch als Jugendliche von anderen kommentiert? An welche Sätze erinnern Sie sich? Welche Wirkung hatten diese Sätze?
- Wie fühlt sich Ihr Bauch meistens an?
- Was wäre, wenn Sie Ihren Bauch einfach so annehmen, wie er ist, und so sein lassen?

Zenimpuls: Kleine Vorübung zur Hara-Meditation

Legen Sie beide Hände locker auf dem Unterbauch ab. Falls Sie den Eindruck haben, dass Ihre Bauchdecke angespannt ist, können Sie beide Hände im Uhrzeigersinn kreisen lassen und die Bauchdecke so etwas lockern und massieren.

Setzen Sie sich so, dass das Becken leicht schräg liegt. Lassen Sie eine Drehbewegung gegen den Uhrzeigersinn entstehen aus dem Becken heraus, als wollten Sie sich nach unten schrauben mit der Bewegung. Spüren Sie, wie sich das Gewicht auf Ihren Sitzbeinhöckern verteilt.

Hara-Meditation

Setzen Sie sich so, dass das Becken leicht nach vorne geneigt ist. Legen Sie die Hände auf den Unterbauch, spüren Sie die Hände. Geben Sie Ihr Gewicht nach unten ab an den Boden. Lassen Sie mit dem Ausatmen Spannung abfließen in die Erde. Wie eine Dusche, die alles Belastende abspült. Dem Loslassen beim Ausatmen nachspüren, wahrnehmen, wo sich etwas lockert und anfängt zu strömen. Manchmal entsteht Wärme oder ein Pulsieren, wenn Spannung sich löst. Erlauben Sie dem Ausatem, sich ganz von selbst etwas zu verlängern und zu vertiefen. Lassen Sie sich mit dem Ausatem im Unterbauch nieder.

Die Hara-Meditation ist ein Gegenpol zu den Energieverschwendungsmustern, die unseren Alltag dominieren. Grob vereinfacht gesagt, verlieren wir unsere Energie durch zwei Muster. Durch ungerichtete Aktivität nach außen und ungerichtete Aktivität nach innen.

Ungerichtete Aktivität nach außen: Wir verstricken uns in zahlreichen Aktivitäten, tun mehrere Dinge gleichzeitig, packen uns die Tage viel zu voll und sagen Ja zu Dingen, von denen wir im Grunde wissen, dass wir sie nicht schaffen können oder wollen. Trotzdem wundern wir uns, dass wir lethargisch werden oder kirre und getrieben und am Ende auch energielos. Wir sind wie ein Haus ohne Dämmung, in dem den ganzen Tag die Heizung läuft und gleichzeitig die Fenster sperrangelweit offen stehen. Kein Wunder, dass die Tanks vorzeitig erschöpft sind.

Ungerichtete Aktivität nach innen: Wir verstricken uns in Gedanken, Befürchtungen und Selbstzweifeln: *Ich kann das nicht, es ist so schwierig, den anderen gelingt alles, bei mir geht alles schief …* Am Ende einer solchen Gedankenkette fühlen wir uns tatsächlich schwach und kraftlos, weil Gedanken und Gefühle sich zu einem Gemisch verbinden, das den gesamten Energiehaushalt ruiniert.

Die Hara-Meditation hilft, diese beiden Muster zu unterbrechen und im inneren und äußeren Chaos anzuhalten. Wir begeben uns in einen geschützten Raum und schließen bildlich gesprochen für eine Weile die Fenster und Türen. Und dann üben wir, uns mit dem Ausatmen mehr und mehr im Unterbauch und Becken niederzulassen. Dadurch können wir unsere Energie zentrieren und entziehen dem Gedankenkarussell den Treibstoff. So können wir erleben, wie Körper und Lebenskraft sich verbinden und untrennbar verbunden bleiben.

Als ich zum ersten Mal spüren konnte, dass sich in meinem Unterbauch ein Kraftgenerator verbirgt, den ich durch die Meditation aktivieren kann, war ich überwältigt. Die schlechte Nachricht: Es dauerte Monate, bis sich ein Gefühl von Wärme und Kraft entwickelte. Zen ist kein magischer Trick, sondern ein Übungsweg, der Geduld braucht. Doch ich kann versprechen: Es lohnt sich, diese Geduld aufzubringen. Mit der Übung, mich mit dem Ausatem im Unterbauch niederzulassen, bekam ich ein Werkzeug, das ich täglich benutzte. Von Monat zu Monat spürte ich mehr Kraft und Erdung. Ich verstand plötzlich, was es bedeutet, in der inneren Mitte anzukommen. Endlich konnte ich sie nicht nur während der Meditation spüren, sondern auch in alltäglichen Situationen. In diesem Moment hört Meditation auf, sich anstrengend oder mühsam anzufühlen. Sie wird leicht und freudvoll. Das Gute ist: Diese Erfahrung ist nicht auf die Meditationsmatte beschränkt, wir können sie den ganzen Tag über mitnehmen, wohin auch immer.

Wenn du es eilig hast, geh langsam – die Kräfte ökonomisch einsetzen

Im Zen hat alles eine klare Form. Während eines *Sesshins*, so heißen die intensiven Übungswochen im Zen, sind alle Abläufe genau geregelt. Wir verbeugen uns am Eingang der Meditationshalle, gehen geradeaus mit festem Schritt zu unserer Matte, stellen uns davor, betreten die Matte mit dem linken Fuß, machen eine weitere Verbeugung und begeben uns mit einer inneren Haltung von Entschlossenheit und Konzentration in die Meditationshaltung. Ist die Meditationsrunde zu Ende, verbeugen wir uns erneut und verlassen den Übungsraum in einer festgelegten Reihenfolge wiederum mit einer speziellen Handhaltung. Beim Essen wartet die Gruppe, bis jeder etwas auf dem Teller hat. Dann verbeugen sich alle und setzen sich hin. Nach einer kurzen Rezitation folgt eine weitere Verbeugung. Dann wird im Schweigen gegessen.

Diese zunächst merkwürdig und streng anmutenden Rituale haben einen tieferen Sinn. Anfangs empfand ich gelinde gesagt große Widerstände, mich auf diese Form einzulassen. Doch schon bald merkte ich, dass sie mir Sicherheit und Orientierung gab und mir half, mich der Übung hinzugeben und mich tiefer in mich selbst hineinfallen zu lassen. Und ich begriff körperlich, was es bedeutet, die Kräfte ökonomisch einzusetzen und keine Energie zu verschwenden durch hektisches Hin-und-her-Laufen und lange Diskussionen, wer wo sitzt. Alle haben ihren festen Platz, jede und jeder weiß, wie sie oder er sich zu bewegen hat. Diese Klarheit bringt äußere und innere Ruhe.

Die äußere Form unterstützt die innere Form.

Im Zen wird immer wieder aufs Neue geübt, die Sammlung, die in der Meditation entsteht, mit in jede Bewegung zu nehmen. Verbeugen, aufstehen, gehen, jeden Schritt spüren. Konzentriert bleiben, wach bleiben. Da sein. Sich wieder aufrecht hinsetzen. Die Teetasse heben, einen Schluck trinken, den Geschmack des Tees auf der Zunge kosten, einen weiteren Schluck trinken, die Tasse wieder absetzen. Präzise und elegant. Dabei wach und konzentriert bleiben. Nur die Tasse absetzen, sonst nichts. Diese Abläufe, immer wieder geübt, führen zu Leichtigkeit und Kraft.

Ich war erstaunt, wie energiegeladen ich mich bei der Gehmeditation nach manchen Sitzrunden durch die Meditationshalle bewegte. Der Geist war offen und klar. Als eins der wichtigsten Prinzipien im Zen erscheint mir, dass alles einen klaren Anfang und ein klares Ende hat. Im Zen üben wir immer wieder, uns auf eine Tätigkeit voll und ganz einzulassen. Nur sitzen, nur stehen, nur gehen, nur essen. Nur Tee trinken. Anfang, Mitte und Ende sind deutlich markiert. Das klingt zunächst banal. Doch in unserem Multitasking-Alltag leiden wir an einem Mangel an Form und verlieren dadurch viel Zeit und Kraft. Diesen Mangel versuchen wir durch ein höheres Tempo auszugleichen und verlieren dadurch paradoxerweise noch mehr Zeit.

Kennen Sie das? Sie sind in Eile, schaffen es nicht mehr, zu Hause zu frühstücken, kaufen sich ein Brötchen und einen Kaffee to go, rennen mit dem heißen Kaffee in der einen, das Handy und das Brötchen in der anderen Hand zum Fahrrad oder Auto und stolpern. Der heiße Kaffee ergießt sich über ihre Tasche und färbt das Skript, das Sie extra noch auf die Schnelle ausgedruckt hatten, braun. Das Brötchen landet im Dreck, ein Teil des Belags auf Ihrer weißen Bluse. Es kostet

Sie eine halbe Stunde, die Bluse zu säubern, das Skript zu retten, und eine weitere halbe Stunde, bis Sie sich wieder einigermaßen beruhigt haben. Und das alles, weil Sie davon überzeugt waren, sich beeilen zu müssen. Was schätzen Sie: Wie viel Zeit haben Sie in den vergangenen Tagen verloren, weil Sie sich selbst überholt haben und Ihre Gedanken schon ganz woanders waren als Ihr Körper?

Durch die Übung des Zazen habe ich gelernt, dass die Maxime »Wenn du es eilig hast, geh langsam« stimmt. Freilich, auch ich gerate immer wieder einmal in Hektik, doch bemerke ich es rascher und kann gegensteuern, indem ich innerlich und äußerlich innehalte. Viele Frauen, die zu mir ins Coaching kommen, rennen die Treppe hoch, entschuldigen sich schon an der Tür wortreich, dass sie im Stau gestanden und es deshalb nicht pünktlich geschafft haben, eilen ins Bad, müssen dann noch schnell eine dringende SMS schreiben und sind schon außer Atem, wenn das Coaching anfängt. Ich steige deshalb, wenn es passt, gern mit einer kleinen Zentrierungsübung zum Ankommen ein. Ich lade beispielsweise dazu ein, einmal mit der Aufmerksamkeit durch den ganzen Körper zu wandern oder wahrzunehmen, was in diesem Moment im Geist los ist, welche Gefühle und Stimmungen sich gerade melden und welche Körperempfindungen im Vordergrund sind. So drossele ich das Tempo.

»Ich muss noch schnell« ist zum Dauermantra geworden. Müssen wir wirklich? Und muss es immer schnell sein? Um Missverständnissen vorzubeugen: Es geht nicht darum, dass wir uns in Zeitlupe bewegen und alles ganz langsam machen. Wir können auch schnell die Treppe hochgehen. Wenn wir jedoch über einen längeren Zeitraum das Gaspedal durchtreten, wird es problematisch. In Zahlen: Das Herzinfarktrisiko verdoppelt sich mit einem hohen Lebenstempo.

Robert Levine, Psychologieprofessor an der California State University, hat das Lebenstempo und Zeitempfinden in verschiedenen Kulturen untersucht und festgestellt, dass wir vor allem dann in Überforderung und Zeitstress geraten, wenn unser eigenes Tempo und das Tempo der Umgebung nicht zusammenpassen. Wenn wir innerlich langsamer getaktet sind als die Kultur, in der wir leben und arbeiten, aber auch wenn wir schneller ticken als unser Umfeld. Die Kunst besteht nach Levine nicht darin, das Leben grundsätzlich zu verlangsamen, sondern zwischen schnellem und langsamem Tempo zu wechseln. »Wir müssen akzeptieren, dass wir manchmal gehetzt sind, und uns ab und zu zwingen zu verlangsamen, nichts zu tun, und unsere Angst vor der Langeweile überwinden.«

Übung: Mein Lebenstempo

- Sind Sie eher der ruhige, gemütliche Typ oder eher energiegeladen und schnell?
- Wie schnell sind Sie im Leben unterwegs, wenn Sie Vollgas geben?
- Angenommen, Sie hätten einen inneren Tacho, wann hätte der Zeiger in der vergangenen Woche am höchsten ausgeschlagen?
- Wie genau bringen Sie sich auf Ihr Höchsttempo?
- In welchen Situationen fühlen Sie sich animiert, innerlich oder äußerlich zu beschleunigen?
- Wie wirkt sich das auf Ihr Wohlbefinden aus?
- Bitten andere Sie manchmal, langsamer zu gehen oder zu sprechen?
- Wie zufrieden sind Sie im Moment mit Ihrem durchschnittlichen Lebenstempo?

Langsamkeit ist nicht in jedem Fall gut, genauso wenig ist ein hohes Tempo per se schlecht. Manchmal ist es wichtig, dass wir Gas geben und schnell auf Hochtouren kommen, weil die Situation es verlangt. Entscheidend ist, dass wir das Tempo irgendwann wieder drosseln und nicht im Turbomodus bleiben. Wenn wir ganz versunken sind in dem, was wir tun, spielt die Frage der Geschwindigkeit keine Rolle. Wir nehmen sie nicht wahr, weil da keiner ist, der bewusst etwas tut. Das Tun geschieht einfach. Die Finger sausen über die Tastatur. Sätze entstehen wie von allein. Leider gibt es Tage, an denen gar nichts fließt. Das ist normal. Im Flow-Zustand ist das Tempo immer genau richtig. Wir können nicht permanent im Flow sein, aber wir können uns immer wieder mal fragen: Muss ich das, was ich gerade tue, wirklich genau jetzt heute tun? Muss es so schnell gehen? Mit Zen können wir üben, leichter in einen Zustand von Flow zu kommen.

Zenimpuls: Ruhe und Bewegung verbinden

Stehen Sie nach der Meditation langsam und ganz bewusst auf mit der Absicht, den Zustand der Sammlung, den Sie im stillen Sitzen erfahren, mit in den Tag zu nehmen. Schließen Sie, wenn Ihre Zeit es erlaubt, direkt an die Meditation eine Bewegungsübung an. Die Position der Kriegerin aus dem Yoga beispielsweise eignet sich gut dafür. Oder der Sonnengruß. Oder eine einfache Bewegungsfolge aus dem Qigong. Auf die Länge kommt es nicht an, entscheidend ist, diesen Ablauf »Stilles Sitzen, bewusst aufstehen, eine einfache Bewegung machen« regelmäßig zu wiederholen. So lernen wir, in einem zentrierten Zustand zu verweilen.

Ein zentrierter Zustand kann uns davor schützen, ein ungesundes Tempo zu leben. Ideal ist unser Lebenstempo, wenn wir es entweder gar nicht wahrnehmen, weil wir völlig eins sind mit dem, was wir gerade tun (Flow) oder wenn wir noch in der Lage sind mitzukriegen, wie es uns gerade geht, wie der Körper sich anfühlt, was im Kopf los ist. Ich hätte mir viel Ärger und Arbeit ersparen können, wenn ich früher gelernt hätte, mit Zazen die Stand-by-Taste zu drücken. Wenn wir uns selbst überholen, im Geist schneller sind als unser Körper, neigen wir dazu, übereilt Ja zu sagen zu Anfragen, die wir bei Lichte besehen gar nicht schaffen können oder die nicht passen. Sind wir zu schnell und nicht im Kontakt mit uns, übernimmt der Autopilot. Wir reagieren gewohnheitsmäßig. Je nach Prägung kommt dann ein zu schnelles Ja oder ein zu schnelles Nein. Um mich vor dieser Falle zu schützen, habe ich mir angewöhnt, bei größeren Anfragen um eine kurze Bedenkzeit zu bitten. Ich setze mich für ein paar Minuten in Zazen, spüre meinen Körper, verbinde mich mit meinem Atem, lasse los. Meist weiß ich danach, ob ich etwas machen möchte oder lieber nicht. Oder mir fällt ein, welche zusätzlichen Informationen mir noch fehlen oder wen ich um Rat fragen könnte.

Auch eine Runde um den Block oder durch den Park zu gehen kann sehr klärend sein. In allen Meditationsrichtungen spielt das Gehen eine wichtige Rolle. Das Tempo variiert. Innerhalb verschiedener Zenschulen gibt es große Unterschiede. Doch egal, welche Richtung, zwischen den Sitzrunden wird gegangen. Entweder kraftvoll, dynamisch und schnell oder langsam in Zeitlupe. Ich bin es eher gewohnt, schnell zu gehen. Aber auch das Schneckentempo hat eine ganz eigene Qualität. Ich realisierte zum ersten Mal, wie viele Muskeln, Gelenke und Sehnen in Aktion sind, wenn ein Fuß sich vom Boden abhebt, und was für ein Wunder diese Bewegung ist, der wir normalerweise keine Aufmerksamkeit schenken.

Zenimpuls: Im Gehen das passende Tempo finden

Finden Sie einen aufrechten hüftbreiten Stand. Die Schultern dürfen sich entspannen. Geben Sie in den Knien etwas nach. Wenn es Ihnen angenehm ist, schließen Sie für einen Moment die Augen. Nehmen Sie die Fußsohlen wahr. Wo überall haben die Fußsohlen Kontakt mit dem Boden? Stehen Sie eher auf den Außenkanten der Füße oder eher auf den Innenkanten oder mittig? Ist mehr Gewicht auf dem vorderen Fuß oder auf der Ferse? Einfach wahrnehmen. Verlagern Sie Ihr Gewicht langsam von einem Fuß auf den anderen und nehmen Sie wahr, was dabei im Körper passiert. Öffnen Sie die Augen und fangen Sie an, sich langsam durch den Raum zu bewegen. Schicken Sie Ihren Geist in die Fußsohlen. Versuchen Sie, jeden Schritt wahrzunehmen. Linker Fuß, rechter Fuß. Machen Sie sich klar, dass Sie nirgendwo hinmüssen. Sie sind ja schon da. Es geht nur darum, einen Fuß vor den anderen zu setzen und jeden Schritt zu spüren. Experimentieren Sie mit verschiedenen Geschwindigkeiten und nehmen Sie wahr, bei welchem Tempo es Ihnen leichtfällt, Ihre Schritte zu spüren, präsent und wach zu bleiben und sich nicht in Gedanken zu verlieren. Das ist Ihr ideales Tempo.

Wenn wir unserem idealen Tempo näher kommen möchten, suchen wir uns gemäß dem Prinzip von Kaizen am besten eine kleine Veränderung aus und bleiben kontinuierlich dabei. Zum Beispiel dreimal ein- und ausatmen, bevor wir einen Anruf entgegennehmen, auf dem Weg zum Büro mehrmals innehalten und überprüfen, ob wir unseren Körper und unsere Schritte noch spüren. Regelmäßig freitags auf die Arbeitswoche zurückblicken und reflektieren, wie unser Tempo war und wie es uns damit gegangen ist. Das sind Beispiele. Finden Sie Ihre eigenen kleinen Schritte, die zu Ihnen passen. Regelmäßig umgesetzt helfen sie Ihnen, Ihr Lebenstempo allmählich Ihrem Temperament und Ihren Bedürfnissen anzupassen. Das wird sich auch positiv auf Ihre Fähigkeit auswirken, anderen angemessene Grenzen zu setzen.

Bis hierhin und nicht weiter – gesunde Grenzen setzen

Eine Meditationsmatte bietet nicht nur eine weiche Unterlage für einen angenehmen Sitz. Sie ist auch ein geschützter Raum. 80 mal 90 Zentimeter, die Ihnen und nur Ihnen gehören, solange Sie dort sitzen. Kein anderer hat Zutritt. Das klingt vielleicht zunächst banal, doch die Erfahrung eines geschützten Raums, in dem wir entscheiden, was dort passiert und welche Einflüsse wir zulassen, ist heute keineswegs banal. Viele Frauen, mit denen ich arbeite, fühlen sich regelrecht überflutet von Anfragen, Anregungen, vermuteten Erwartungen, tatsächlichen Anforderungen. Und von Informationen, die unaufhörlich fließen und ungefragt eindringen, weil die Grenzen zwischen beruflichem und privatem Raum zunehmend verschwimmen. All das kann uns in einen ungesunden Zustand ständiger Alarmbereitschaft versetzen und stiehlt uns Energie und Lebensfreude.

Selbstreflexion

- Wie viel Zeit Ihres Tages verbringen Sie im Aktiv-Modus?
- Wie viel Zeit Ihres Tages erwarten Sie von sich, auf alle äußeren Impulse möglichst schnell zu reagieren?
- Wie viel Zeit Ihres Tages verbringen Sie in einem regenerativen Zustand? (Nicht reagieren, genießen, einfach sein, freudvoll und entspannt etwas tun)
- Um ein möglichst deutliches Bild zu bekommen, können Sie einen Kreis malen und zwei Tortenstücke einzeichnen, eins für die Zeit im aktiven Modus, eins für die regenerative Zeit.

Mit an Sicherheit grenzender Wahrscheinlichkeit ist Ihr Tortenstück für Regeneration deutlich kleiner ausgefallen als das andere. Das überrascht nicht. Daran wird sich nichts grundsätzlich ändern, es sei denn, Sie ziehen auf eine einsame Alm. Aktiv und umtriebig zu sein, stellt an sich kein Problem dar. Ein Problem entsteht erst aus der permanenten Selbstüberforderung. Das Problem ist, dass unser Geist im permanenten aktiven Modus zerflust wird. In diesem Zustand, das müssen selbst Meditations-Skeptikerinnen zugeben, wird es schwierig, gute Entscheidungen zu treffen. Um im Aktiv-Modus nicht zu verzweifeln, sollten wir daher unbedingt auch den regenerativen Modus pflegen und stärken. Das geht weit hinaus über Tipps wie »Lesen und bearbeiten Sie Ihre Mails nur blockweise dreimal am Tag. Schalten Sie Ihr Smartphone zwei Stunden vor dem Schlafengehen aus und verbannen Sie es aus dem Schlafzimmer«.

Das alles mag hilfreich sein, doch es reicht nicht aus, wenn unser System weiterhin im Alarmzustand verharrt. Es braucht einen inneren und äußeren Raum, in dem Geist und Körper wirklich zur Ruhe kommen. Auch zu Hause fehlt vielen Frauen ein Raum, in den sie sich zurückziehen und den Anforderungen der Welt vorübergehend den Rücken kehren können. Sich ein eigenes Zimmer oder wenigstens eine Zimmerecke zu erobern, kann ein erster Schritt sein, den eigenen, persönlichen Raum überhaupt wahrzunehmen.

Übung: Mein persönlicher Raum

- Gehen Sie einige Runden durch den Raum, in dem Ihre Meditationsmatte liegt oder in dem Sie sich vorstellen können, künftig zu meditieren.
- Finden Sie dann einen Platz in der Mitte, möglichst mit Freiraum um Sie herum.

- Wie ist Ihre Stimmung? Wie fühlt sich Ihr Körper an? Entspannt oder angespannt? Wie ist Ihr Atem? Tief oder eher flach? Schnell oder langsam?
- Finden Sie nun die Grenzen Ihres persönlichen Raums. Wo beginnt dieser Raum, wenn jetzt jemand anderes hereinkommen würde? Woran würden Sie das merken? Wo erleben Sie die Grenzen Ihres Raums? Vor Ihnen? Hinter Ihnen? Links, rechts von Ihnen? Woher wissen Sie, dass dort die Grenze ist?
- Wie unterscheidet sich Ihr persönlicher Raum von seiner Umgebung? Fühlt er sich wärmer an, kälter? Heller, dunkler, farbiger, transparenter?

Diese Übung stammt aus der Logosynthese, einer Methode aus der energetischen Psychologie. Ich verdanke sie Willem Lammers und Ulrike Scheuermann und finde sie sehr hilfreich, um die Grenzen des eigenen Raums auszuloten. Diese kleine Übung können Sie auch für sich machen, wenn Sie beispielsweise vor den anderen in einem Konferenzraum sind und herausfinden möchten, wo Sie sich am wohlsten fühlen. Der optimale Platz ist der, an dem Sie sich wohlfühlen und so viel Abstand zu den anderen haben, dass Ihr persönlicher Raum geschützt bleibt und Sie sich gleichzeitig in Kontakt fühlen.

Unser System gerät in Stress, wenn andere uns zu nahe kommen, physisch, energetisch, mental. Denken Sie an eine Mail mit unerfreulichem Inhalt, in der Sie kritisiert oder vielleicht sogar beschimpft werden. Der Absender befindet sich physisch nicht in Ihrem Raum, dennoch kann diese Mail unmittelbar Herzklopfen, Unwohlsein, Verspannungen auslösen und innerlich alles durcheinanderbringen, so als befinde sich die Person im Raum und habe physisch Ihre Grenze überschritten. Dann hilft es, den inneren Raum neu zu ordnen. Eine effektive Möglichkeit, das zu tun, ist, für einige Minuten Zazen zu praktizieren. Das funktioniert auch auf dem Bürostuhl. Aufrecht sitzen, den Körper spüren, den Kontakt mit dem Boden spüren, die innere Aufregung spüren, wahrnehmen, wie der Atem sich allmählich beruhigt, und sich mit dem Ausatmen im Bauch-Becken-Raum niederlassen. Um unseren persönlichen Raum zu schützen und, wenn nötig, zu verteidigen, brauchen wir eine Grenzwächterin. Ohne eine innere Instanz, die filtert, sortiert, den Zugang verweigert oder erlaubt und regelmäßig ein Schild »Vorübergehend nicht zu erreichen« aufstellt, bleiben wir dem Strom der Einflüsse von außen wehrlos ausgeliefert.

Wenn Ihnen das Bild der Grenzwächterin, die Ihren persönlichen Raum schützt, gefällt, lade ich Sie zu einem kleinen Experiment ein.

Übung: Die Grenzwächterin

Stellen Sie sich vor, Sie haben eine Grenzwächterin, die auf Sie aufpasst. Sie kennt Sie gut und weiß genau, was Sie sich zumuten können und was über Ihre Kräfte geht, was Ihnen guttut und was Ihnen schadet. Ihr Ziel ist es, Sie zu beschützen. Sie ist mutig und hat magische Kräfte. Sobald eine Grenzüberschreitung droht, beginnt sie zu handeln. Ihr Reservoir an Ideen und Strategien, um Ihre Grenze zu schützen, ist unerschöpflich. Vielleicht taucht in Ihnen spontan ein Bild auf von Ihrer Grenzwächterin. Wenn nicht, können Sie sich Ihre Grenzwächterin innerlich »malen«. Wie soll sie aussehen? Über welche Kräfte soll sie verfügen? Wie kann sie Sie am besten beschützen? Lassen Sie Ihrer Fantasie freien Lauf. Vielleicht passt auch ein Grenzwächter besser.

Mir gefällt das Bild einer chinesischen Schwertkämpferin, die bereits mit einem energetischen Blick jeden Grenzübertritt verhindert. Das Bild der Grenzwächterin zu aktivieren, kann dabei helfen, sich gegen Zumutungen zu wehren und klare Linien zu ziehen. Indem wir uns in den Schutzraum unserer Meditationsmatte begeben, für eine Weile nichts tun und den Körper in der Stille spüren, stärken wir die Grenzwächterin. Je besser unsere innere Grenzwächterin arbeitet, desto effektiver können wir handeln. Wenn wir energetisch aufgeräumt sind und in Kontakt mit unserer Kraft, spüren das andere. Abgrenzung wirkt eher nonverbal als über viele Worte. Wenn Sie daran zweifeln, probieren Sie es aus. Wenn das nächste Mal ein Kollege in Ihrem Büro nicht aufhören will zu reden, stehen Sie auf und stellen sich breitbeinig hin. Das wirkt effektiver, als ihm wortreich zu erklären, dass Sie jetzt gleich einen Termin haben und deshalb leider das Gespräch beenden müssen.

Ich selbst habe erst durch die Hara-Meditation die Kraft gefunden, Grenzen zu ziehen. Davor war ich jahrelang mit einem unsichtbaren Schild auf der Stirn unterwegs, auf dem stand: »Latsch ruhig über meine Grenze, mach es auch noch ein zweites oder drittes Mal, ich bin es gewohnt.« Als ich anfing, regelmäßig morgens zu sitzen, konnte ich nicht mehr so locker meine Bedürfnisse ignorieren. Mein Körper zeigte mir die Grenzen. Hatte ich mir zu viel aufgeladen, wurde der Atem flach und hektisch. In meinem Kopf ging es zu wie in einem Bienenstock. Unterdrückter Ärger zeigte sich in Form von Kopfschmerzen oder Magendrücken. War ich nervös, kribbelte es in den Beinen. In der Stille spricht der Körper. Endlich war ich bereit, ihm zuzuhören und nach und nach seine Sprache zu verstehen. Ich bin immer noch dabei.

Wie ist es bei Ihnen?

- Sagen Sie öfter gewohnheitsmäßig Ja, obwohl Sie eigentlich Nein meinen?
- Bringen Sie sich in Hektik, weil sie eine Verabredung zusagen, obwohl Sie wissen, dass sie mit einem anderen Termin kollidiert und Sie es gar nicht rechtzeitig schaffen können?
- Bieten Sie Unterstützung an, obwohl Sie sich selbst an der Grenze fühlen und Unterstützung bräuchten?
- Fühlen Sie sich verpflichtet, auch zu Dingen Ja zu sagen, die Ihnen keine Freude bereiten und nicht zu Ihnen passen?

Übung: Ja spüren

Halten Sie einen Moment inne. Schließen Sie, wenn es Ihnen angenehm ist, die Augen. Erinnern Sie sich an eine Situation, in der Sie aus vollem Herzen Ja gesagt haben und es Ihnen anschließend auch gut ging mit diesem Ja. Rufen Sie sich diesen Moment möglichst genau in Erinnerung. Spüren Sie in Ihren Körper. Wie fühlt sich das Ja in Ihrem Körper an? Wo spüren Sie eine Resonanz?

Übung: Nein spüren

Erinnern Sie sich an eine Situation, in der Sie ein deutliches und klares Nein gefühlt haben. Rufen Sie sich diesen Moment möglichst genau in Erinnerung. Spüren Sie in Ihren Körper. Wie fühlt sich das Nein in Ihrem Körper an? Wo spüren Sie eine Resonanz?

Es kann sein, dass es Ihnen schwergefallen ist, Ja und Nein im Körper zu spüren. Das ist nicht verwunderlich. Beeinflusst von unseren Erfahrungen in den ersten Lebensjahren können wir Sensoren entwickeln, ob sich etwas angenehm und stimmig anfühlt oder nicht. Wenn die Umgebung eher kalt war, die Eltern keine Gefühle zeigen oder sich nicht gut einfühlen konnten und Berührung vermieden haben oder wenn Berührungen übergriffig oder manipulativ waren, ist es schwer, einen guten Kontakt zum Körper zu entwickeln und ein Gefühl dafür, was sich stimmig und richtig anfühlt. »Wenn Eltern mitschwingen, sich auf ein Baby einlassen und auch dessen Grenzen akzeptieren, kann ein Kind gesunde Grenzen entwickeln«, sagt der Körpertherapeut Michael Mokrus.

Ich gehöre zur Kriegsenkelgeneration, meine Eltern waren Kinder im Krieg und durch Bombardierung und Evakuierung traumatisiert und geprägt durch die harte nationalsozialistische Erziehung, die sie unbewusst an uns Kinder weitergegeben hatten. »Sei nicht so überempfindlich« oder »Das bildest du dir ein« hieß es, wenn ich mich unwohl fühlte, etwas nicht wollte, mir etwas nicht zutraute. So lernte ich, Signale von Unbehagen, Ärger und Irritation herunterzuschlucken und später zu ignorieren. Ich war zutiefst verunsichert, fing an, meiner Wahrnehmung zu misstrauen, und nahm sie irgendwann nicht mehr ernst. Erst in meinen Ausbildungen in Gestaltberatung und Coaching wurde mir durch die Rückmeldungen der anderen klar, dass ich über sehr feine Wahrnehmungsantennen verfüge. Es fiel mir leicht, mich in andere einzufühlen und mitzuschwingen und auch das, was ungesagt blieb, atmosphärisch aufzunehmen.

Für Beratungsprozesse ist das eine äußerst hilfreiche Kompetenz. Ich musste jedoch zunächst lernen, sie gut zu nutzen. Denn manchmal fand ich aus dem Mitschwingen nicht mehr heraus. Die Grenzen zwischen mir und den anderen verschwammen. Nach den Ausbildungswochenenden fühlte ich mich zuweilen völlig erschöpft, randvoll mit den Gefühlen der anderen, die alle bei mir gelandet waren. »Du brauchst einen Filter«, sagte meine Ausbilderin. Als pragmatische Sofortmaßnahme drückte sie mir ein Kissen in die Hand mit der Empfehlung, es gelegentlich vor meinen Bauch zu legen, während ich anderen Beratungssequenzen zusah, um nicht alles zu nah an mich heranzulassen. Das Kissen half tatsächlich. Irgendwann benötigte ich es nicht mehr. Mithilfe der Zenmeditation lernte ich, meinen Körper zu spüren, meinen eigenen Raum und den der anderen wahrzunehmen, Einflüsse zu filtern und nicht alles in mein System einfließen zu lassen. So konnte sich aus dem vermeintlichen Mangel eine Kompetenz entwickeln. Ich erzähle diese persönliche Geschichte, um Ihnen Mut zu machen. Es ist nie zu spät, die Grenzwächterin zu entdecken und zu stärken. Wir können lernen, unsere Grenzen zu spüren, auch wenn uns diese Kompetenz nicht in die Wiege gelegt wurde.

Selbstreflexion

Denken Sie an eine Anfrage, die Sie kürzlich bekommen haben. Es kann ein beruflicher Auftrag sein, die Bitte einer Freundin, ihr zu helfen, ein Angebot, bei einer Reise mitzufahren …

- Zieht sich Ihr Körper eher zusammen oder bleibt er weich und offen, wenn Sie an diese Anfrage denken?
- Wird Ihr Nervensystem erregt?
- Wenn ja, ist es eine freudige Erregung, eine Neugier?
- Oder schalten Sie sich ab? Tun Sie so, als seien Sie gar nicht mehr da?
- Fühlen Sie sich sicher oder beunruhigt?

An unseren inneren Markern erkennen wir, ob sich etwas für uns stimmig anfühlt oder nicht. Wirkt das, was ich gerade erlebe, oder die Anfrage, die ich bekomme, beruhigend, angenehm, verwirrend, verunsichernd? Eine kleine Orientierungshilfe: Erleben wir etwas als unangenehm und bedrohlich, zieht sich der Körper eher zusammen. Ist etwas angenehm, interessant, reagiert der Körper eher mit Öffnung. Die Crux dabei ist: Menschen, deren Grenzen nicht respektiert wurden, haben oft keinen Zugang mehr zum natürlichen Gefühl von Ärger, das sich meldet, wenn etwas nicht stimmt. Sich zu erlauben, diesen Ärger zu fühlen, ist wichtig, um künftig besser für sich sorgen zu können. Auch hierbei hilft die Zenmeditation. Wir üben, in der Stille wahrzunehmen, was wir empfinden, ohne diese Empfindungen zu beurteilen oder gar zu verurteilen.

Übung: Ärger erforschen

Setzen Sie sich entspannt und aufrecht hin. Wenn Sie mögen, schließen Sie für einen Moment die Augen. Denken Sie an eine Situation, in der Sie sich geärgert haben. Rufen Sie sich den Moment so genau wie möglich in Erinnerung. Spüren Sie in Ihrem Körper nach. Wo genau können Sie den Ärger wahrnehmen? Wie fühlt sich der Ärger an? Welche Energie oder Ausstrahlung hat der Ärger? Taucht spontan ein Bild auf? Hat der Ärger eine Form oder Gestalt? Versuchen Sie bitte nicht, den Ärger zu analysieren. Bleiben Sie möglichst bei der körperlichen Wahrnehmung. Fragen Sie sich am Ende: Was würden Sie jetzt am liebsten tun?

Vielleicht fragen Sie sich, was es bitte schön mit Zenmeditation zu tun haben soll, sich mit so etwas Unangenehmem wie Ärger zu beschäftigen und ihn zu erforschen. Geht es nicht um tiefe Gelassenheit? Ja, darum geht es, aber Ärger ist ein sehr wichtiges Gefühl auf dem Weg dorthin. Ärger macht uns darauf aufmerksam, dass etwas nicht stimmt, eine Grenze überschritten wurde, etwas aus dem Gleichgewicht geraten ist. Doch Ärger und Wut wird Frauen abtrainiert. Wut wird verniedlicht, lächerlich gemacht oder schlicht ignoriert. Wütende Frauen werden nicht ernst genommen, sie werden als Furien abgewertet und gelten als unweiblich. Diese Konditionierung kann den natürlichen Zugang zu Ärger versperren.

Doch Ärger hat eine wichtige Grenzwächterfunktion. Wenn wir ihn ignorieren, geraten wir über kurz oder lang in Schwierigkeiten. Machen wir uns bewusst, dass Ärger uns schützt, können wir ihn nutzen, um unsere Grenzen neu zu justieren. Dafür müssen wir ihn erst mal spüren und kennenlernen. Es handelt sich um ein weitverbreitetes Missverständnis, in der Meditation ginge es darum, immer tiefenentspannt durch den Tag zu schweben und sich über nichts mehr zu ärgern. Meditation unterstützt uns, einen heilsamen Umgang mit unangenehmen Gefühlen zu finden. Erst langfristig entsteht so eine größere Gelassenheit. Das bedeutet jedoch nicht, dass wir uns nicht mehr ärgern. Das wäre fatal. Die Frage ist, wie wir mit unserem Ärger umgehen. Ärger kann die nötige Energie liefern, zu etwas Nein zu sagen, was sich nicht gut anfühlt und was Sie nicht wirklich machen möchten oder die Bedingungen für ein Ja neu auszuhandeln. So kann Ärger Ihrer persönlichen Entwicklung dienen.

Manchmal sind radikale Grenzziehungen notwendig. Ich war immer felsenfest davon überzeugt, dass sich alles in geduldigen Gesprächen klären lässt, in denen man einander zuhört und versucht, den jeweils anderen zu verstehen. Außerdem hatte ich den Anspruch, dass ich doch wohl dazu in der Lage sein müsste, mit Konflikten aller Art gelassen umzugehen und mitfühlend und offen zu bleiben. Ein mit Abstand betrachtet völlig überzogener Anspruch. Doch in der Beziehung zu einem mir nahestehenden hoch narzisstischen Menschen kam ich an meine Grenze. In mir gab es eine Stimme, die sagte: *Dieser Kontakt macht dich krank, wenn du nicht aussteigst. Du musst da raus. Du musst dich schützen.* Über Jahre war mein ganzes System bei jeder Begegnung, bei jedem Telefonat, selbst bei jeder Mail in Aufruhr. Trotz Zenmeditation. So viel konnte ich gar nicht meditieren, wie die immer wiederkehrenden Angriffe, Abwertungen, Schuldzuweisungen und Verdrehungen Ärger in allen Schattierungen in mir aufwirbelten. Ich musste mir eingestehen, dass der Kontakt für mich toxisch war. All meine Versuche, daran etwas zu verändern, waren gescheitert. Mir blieb nur noch, den Kontakt zu beenden. Lange war das nicht möglich, es gab zwingende Gründe, den Kontakt aufrechtzuerhalten. Doch irgendwann war der richtige Zeitpunkt gekommen. Dieser radikale Schnitt fiel mir schwer, aber er war notwendig und heilsam und hat mich auch davor bewahrt, in der Hybris zu landen, zu glauben, mit Meditation könne ich, könne sich alles lösen. Und gleichzeitig hat mir die Meditationspraxis sehr geholfen, weil sie mich jeden Morgen unterstützt, meine Standfestigkeit zu spüren und zu stärken.

Die meisten Frauen, denen ich begegne, finden es befreiend und entlastend, wenn sie unangenehme Gefühle wie Ärger, Enttäuschung oder Neid spüren und sich ihnen zuwenden können, ohne sie sofort weghaben zu wollen. Ärger muss ja nicht gleich zum Kontaktabbruch führen, er kann helfen, die eigenen Interessen und Bedürfnisse zu vertreten und den Kontakt entsprechend zu verändern. Sollten Sie zu den Frauen gehören, die sich ständig über Kleinigkeiten aufregen und auch bei vermeintlich nichtigen Anlässen schnell in die Luft gehen, können Sie mithilfe der Zenmeditation üben, den Ärger eine Weile auszuhalten, nicht zu reagieren und zu erfahren, wie er von allein abebbt, wenn er da sein darf und Raum bekommt.

Auch wenn gesunde Grenzen sehr wichtig sind, geht es nicht darum, ständig und überall Nein zu sagen und Grenzzäune zu ziehen. Manchmal werden wir nervös und sagen gewohnheitsmäßig Nein, weil wir aus einer kindlichen Perspektive reagieren und eine Angst spüren, die wir als Erwachsene nicht haben müssten. Wenn wir merken, dass der ganze Körper in Alarm ist, wir aber eine interessante, freundliche Anfrage bekommen haben und in einem geschützten Raum sind, können wir die körperliche Reaktion durchlaufen lassen und uns neu orientieren. Die entscheidende Frage lautet: Reagiere ich gerade aus einer kindlichen Verletzung heraus oder so, wie es mir heute entspricht? Dies herauszufinden ist manchmal nicht ganz leicht. Auch hier hilft Zazen. Wir müssen uns nicht extra dafür anstrengen. Das regelmäßige Sitzen stärkt unser Differenzierungsvermögen. Indem wir in der Übung des Zazen die Körpermitte stärken, unterstützen wir das Bauchhirn, seine Arbeit zu machen. Wissenschaftler vermuten, dass wir Empfindungen des Bauchhirns speichern wie in einer Bibliothek. Steht eine Entscheidung an, sucht das Gehirn nach ähnlichen Situationen und überprüft die Empfindung dazu. Je besser das Bauchhirn arbeiten kann, desto schneller können wir innerlich scannen, ob ein Nein oder Ja jetzt stimmig und angemessen ist.

Alles so schön chaotisch hier – inmitten von Unsicherheit sicher navigieren

Gesunde Grenzen zu ziehen ist wichtig. Im Zen geht es jedoch auch darum, einen Zustand von Offenheit und Weite zu kultivieren und in eine Erfahrung von Grenzenlosigkeit zu kommen. Das klingt zunächst paradox, doch beides gehört zusammen. Grenzen und Grenzenlosigkeit bedingen sich gegenseitig. Erst wenn wir unsere persönliche Raumgrenze abgesteckt haben, können wir mit fortschreitender Übung erfahren, dass der Raum um uns herum grenzenlos ist, und uns mehr und mehr in diesen grenzenlosen Raum hinein entspannen. Wir brauchen die Grenze des Schutzraumes auf der Meditationsmatte, um uns tiefer fallen lassen zu können und zu erfahren, dass wir in Kontakt sind mit einem größeren Feld. Unser Ego macht nur einen winzigen Teil dessen aus, was wir wirklich sind. Wir sind Wesen über Raum und Zeit hinaus.

Wenn unsere Raumgrenzen nicht abgesteckt sind, wenn wir beispielsweise befürchten müssen, dass gleich jemand ins Zimmer hereinplatzt oder ein Anruf uns stört, können wir uns der Stille und dem weiten Raum nicht wirklich anvertrauen. Oder anders ausgedrückt: Nur wenn wir mit beiden Beinen auf der Erde stehen, können wir die unendliche Weite des Himmels über uns erfahren.

Jetzt denken Sie vielleicht, das klingt ja alles schön poetisch mit dem weiten Himmel, aber was hat das mit meinem Alltag in meinem dunklen Büro zu tun, wo ich noch nicht mal einen Streifen vom Himmel sehe? Eine ganze Menge. Ohne die Qualität von Offenheit und Weite fühlen wir uns schnell blockiert, als trügen wir ein dickes Brett vor dem Kopf. Und das passiert uns ständig. Sobald es unübersichtlich wird, wenn wir in eine Situation geraten, in der wir nicht wissen, wie wir am besten entscheiden sollen, geraten wir unwillkürlich in einen Zustand von Enge. Unser Gehirn schaltet auf Steinzeitmodus. Die evolutionären Reaktionsmuster von Angriff, Flucht und Totstellen schalten sich ein. Je nach Prägung werden wir aggressiv, wollen am liebsten sofort weglaufen oder fühlen uns wie gelähmt. Der Raum der Möglichkeiten schrumpft auf ein winziges Areal zusammen, in dem wenig Bewegung mehr möglich scheint und alle konstruktiven Ausgänge verschlossen sind. Wir alle haben in der Corona-Zeit reichlich Erfahrungen gesammelt mit unübersichtlichen Situationen. Auf dem Höhepunkt der Pandemie, als ständig neue Maßnahmen und Einschränkungen verkündet wurden, entwickelten sich schon vermeintlich banale Entscheidungen zu Riesenhindernissen. Etwa: *Dürfen wir uns treffen? Kann ich ein Zugticket reservieren? Können wir ein Meeting ansetzen? Können wir uns trauen, einen Urlaub zu planen?*

Selbstreflexion

- Wie reagieren Sie, wenn Sie in eine Situation geraten, in der Sie die Dinge nicht überblicken?
- Werden Sie nervös und hektisch und treffen schnell eine Entscheidung, damit Sie die Verwirrung nicht mehr aushalten müssen?
- Versuchen Sie, die Situation zu kontrollieren und Ihren ursprünglichen Plan durchzuziehen?
- Beschuldigen Sie andere?
- Oder fühlen Sie sich eher gelähmt, unfähig, irgendetwas zu tun?
- Bleiben Sie ruhig und warten erst mal ab?

Falls Sie die letzte Frage mit Ja beantworten, herzlichen Glückwunsch. Ruhig bleiben, abwarten und die Optionen sortieren ist eine gute Idee. Die meisten von uns möchten jedoch die Kontrolle behalten und reagieren eher aktionistisch. Verständlich, aber oft nicht hilfreich. Denn wenn wir genau hinschauen, haben wir keine Ahnung, was der nächste Moment bringt. Wir wissen es nicht. Wir wollen alles planen, aber das Leben interessiert sich nicht für unsere Pläne. Von einem Moment auf den anderen kann alles anders kommen. Wir glauben, genau zu wissen, wer wir sind und wie wir ticken und was als Nächstes zu tun ist. Wenn wir ehrlich sind, müssen wir zugeben, dass wir oft reichlich verwirrt sind. Da wir diesen Zustand so unangenehm finden, versuchen wir, auf Teufel komm raus eine Entscheidung zu treffen, so zu tun, als ob wir Klarheit hätten. Hauptsache raus aus der Verwirrung. Doch damit tauchen wir nur noch tiefer in den Nebel hinein.

Meine erste Lektion, mich meiner Verwirrung zu stellen, bekam ich von einem meiner Lehrer in meiner Ausbildung zur Gestaltberaterin. Er hatte mir etwas an den Kopf geworfen, was mich vollkommen verwirrte und worauf ich mir keinen Reim machen konnte. Ich weiß nicht mehr, was er sagte, aber ich kann mich noch gut an den Zustand der Verwirrung erinnern. Innerlich verschwamm alles, ich fühlte mich wie auf einem schwankenden Schiff, mir war schlecht, und ich wollte nur noch aus dieser quälenden inneren Verfassung heraus und erwartete Hilfe von meinem Ausbilder. Schließlich hatte er mich doch in diesen grauenhaften Zustand gebracht.

Dann antwortete er: »Ich bin nicht daran interessiert, dich da rauszuholen. Ich will mit dir schauen: Wie bist du da reingeraten?« Augenblicklich hörte meine Verwirrung auf, ich war empört und kurz davor, fluchtartig den Raum zu verlassen. Ich hatte diese Ausbildung angefangen, um Antworten zu finden, und nicht, um als verwirrtes Häufchen Elend in einem Raum zu sitzen und sämtlicher Fluchtstrategien beraubt zu werden. Damals wusste ich noch nicht, dass der Begründer der Gestalttherapie, Fritz Perls, stark vom Zen beeinflusst war. Erst im Laufe der Ausbildung wurde mir deutlich, dass Gestalttherapie und Zen sich in vielen Punkten berühren: Die positive Sicht auf den Menschen, der als Ganzheit geboren wird, die Betonung des Hier und Jetzt, die Suche nach einer spirituellen Heimat und die Begleitung durch den Therapeuten / die Therapeutin oder den Meister / die Meisterin auf dem Weg. Ich hatte eine Zenlektion bekommen, ohne es zu wissen.

Zen fordert uns auf, in das, was gerade stattfindet, voll und ganz einzutauchen und nicht mehr dagegen zu kämpfen. Sind wir verwirrt, fordert Zen uns auf, ganz diese Verwirrung zu sein. Statt uns sofort um Klarheit zu bemühen, sind wir eingeladen, die Verwirrung zu erforschen, sie auszuhalten, bis wie von selbst Klarheit entsteht. In der Gestaltberatung gilt Verwirrung als produktiver Zustand. Denn nur, wenn wir unsere üblichen Muster, alles kontrollieren zu wollen, aufgeben und uns auf unbekanntes Terrain wagen, kann etwas Neues entstehen.

Wenn wir nicht wissen, wie es weitergehen soll, hilft es uns nicht, wenn wir uns abgrenzen oder auf irgendetwas fixieren. Hektischer Aktivismus bringt uns auch nicht weiter, weil uns die Richtung fehlt. In solchen Momenten ist es hilfreich, einen Schritt zurückzutreten, alles Wollen für einen Moment ruhen zu lassen und in einen Zustand von Weite zu kommen.

Inzwischen gibt es zahlreiche Angebote, ein agiles Mindset für unsere moderne mehrdeutige, unklare, komplexe und sich ständig verändernde Welt zu entwickeln. Ein agiles

Mindset soll helfen, vom Entweder-oder-Denken, das in komplexen Situationen nicht nützlich ist, zu einem Sowohl-als-auch-Denken zu kommen und eine paradoxe Denkweise zu üben. Das sogenannte Paradox-Mindset erlaubt, zwei zuvor getrennte Elemente gleichzeitig zu bedenken und zu berücksichtigen. Das passt wunderbar zu Zen. Denn Zen ist voller Paradoxien. »Streng dich an, aber versuche, nichts zu erreichen«, lautet beispielsweise ein Zen-Motto. Oder »Wenn du es eilig hast, geh langsam.« Wir brauchen ein inneres Fundament, um uns in das Abenteuer eines völlig neuen Denkens zu stürzen. Wir brauchen Vertrauen. Vertrauen in uns selbst, in andere, in ein verlässliches Lebensgefühl. Zazen ist eine ganzkörperliche Erfahrung. Die Übung unterstützt uns, Gegensätze in uns zu halten und auszubalancieren und Paradoxien nicht nur zu denken, sondern zu verkörpern. Klingt abstrakt? Vielleicht haben Sie Lust, einmal auszuprobieren, wie unterschiedlich sich ein fokussierter Zustand und ein Zustand von offener Weite anfühlen.

Meditation: Vom engen Fokus zur offenen Weite

Setzen Sie sich aufrecht und entspannt hin. Spüren Sie den Kontakt Ihres Körpers mit dem Boden. Nehmen Sie wahr, wie der Atem kommt und geht. Entscheiden Sie sich für eine Stelle im Körper, wo Sie den Atem besonders leicht und gut spüren können. Bleiben Sie eine Weile bei dieser Stelle. Versuchen Sie, so gut es geht, diesen engen Fokus zu halten. Lassen Sie nach einigen Minuten den engen Fokus los. Öffnen Sie sich für die Geräusche und Klänge, die Sie umgeben hier im Raum – oder von draußen. Nehmen Sie wahr, wie sie auftauchen und wieder vergehen. Lauschen Sie nicht nur mit den Ohren, sondern mit dem ganzen Körper. Sie müssen sich nicht anstrengen, einfach nur das Lauschen zulassen. Nur hören. Versuchen Sie dann, alles Fokussieren loszulassen. Lösen Sie sich von den Sinneseindrücken. Bleiben Sie beim Gewahrsein. Einfach nur hier sein, präsent sein. Gedanken, Geräusche und Gefühle kommen und gehen. Bleiben Sie einfach präsent bei allem, was geschieht. Richten Sie Ihre Aufmerksamkeit auf die Qualität von »hier sein«. Lassen Sie sich von diesem Gefühl von »hier sein« ausfüllen.

Wie haben Sie diese Meditation empfunden? Konnten Sie einen Unterschied wahrnehmen zwischen engem Fokus und offener Weite? Für mich fühlt sich offene Weite so an, als würden die Grenzen meines Körpers sich auflösen, als würde ich eintauchen in einen grenzenlosen Raum, in dem für einen Moment alles Wollen und Streben zur Ruhe kommt. Und gleichzeitig bin ich ganz da, spüre meinen Atem, meinen Körper, nehme wahr, wie die Gedanken kommen und gehen. Im Grunde ein paradoxer Zustand.

Um in unübersichtlichen Situationen zu navigieren, brauchen wir beides. Die Fähigkeit, uns zu fokussieren auf eine Sache, eine Frage, ein Thema, und die Fähigkeit, uns zu lösen aus der aktuellen Verstrickung und in einen Zustand von offener Weite zu gehen. Wenn gerade alles zusammenbricht, wir eine niederschmetternde Nachricht bekommen haben, ein wichtiges Projekt geplatzt ist, wir mit einer heftigen Diagnose konfrontiert sind, ist es hilfreich, wenn wir uns klarmachen, dass wir nur den nächsten Schritt zu kennen brauchen und weitere Gedanken über die Zukunft loslassen können.

Die Vipassana-Lehrerin Nicole Stern berichtete in einem Vortrag über Vertrauen, dass ihr Lehrer Christopher Tittmus ihr in einer Krise geraten habe, sich immer nur auf den nächsten Schritt zu konzentrieren. »Moving on«, nannte er das. Im Lockdown haben viele Coachingkund:innen das Prinzip »Moving on« für sich entdeckt. Immer nur auf das schauen, was jetzt gerade dran ist, und so Schritt für Schritt weiterzugehen. Um zu erkennen, was jetzt gerade möglich ist, hilft es sehr, immer wieder für einige Minuten innerlich zurückzutreten und weit zu werden. In diesem Gefühl des Ganz-hier-Seins, ohne etwas tun zu müssen, verweilen. Und uns dann die Frage stellen: Worin besteht mein nächster Schritt?

Teil 2

HEILUNG UND SELBSTERMÄCHTIGUNG

Fühlen Sie sich immer wieder zerrissen? Hin und her geworfen zwischen verschiedenen Wünschen, Optionen und Sehnsüchten? Wissen Sie manchmal nicht, was von innen und was von außen kommt?

In diesem Kapitel erfahren Sie, wie Zazen Ihnen hilft, sich von falschen Erwartungen zu befreien, mit schwierigen Gefühlen umzugehen, Ihr Herz von Verkrustungen zu befreien, in Ihrer größten Schwäche Ihre größte Stärke zu entdecken und Ihrem inneren Kompass zu folgen.

Die Graswurzelrevolution – inneres Wachstum statt Selbstoptimierung

Fast alle Frauen, die ich kenne, scheinen geradezu besessen davon, sich ständig zu verbessern und in jeder freien Minute an einer Top-Version ihrer selbst zu werkeln. Permanent sind sie im Dialog mit einem schönen, glatten, gesunden, emotional stabilen, glücklichen, unwiderstehlichen, erfolgreichen, schlagfertigen, gelassenen, mutigen Ich. Es winkt aus einer fernen Zukunft und ruft: »Komm zu mir. Los. Beweg dich. Streng dich an. Du schaffst es.« Und genau das wird uns ja auch nicht nur in Ratgebern, Zeitschriften und von zahlreichen Coaches freundlich empfohlen, sondern mit Nachdruck eingehämmert. *Erfinde dich neu. Entfalte dein Potenzial. Entdecke die beste Version deiner selbst. Befreie dich von deiner Vergangenheit. Zeig deine wahre Größe. Werde unbesiegbar. Erschaffe dir eine strahlende Zukunft.* Und viele von uns geben sich auch wirklich Mühe. Wir wollen auf keinen Fall stecken bleiben und im Mittelmaß versauern, uns nicht mit einer durchschnittlichen Arbeit, einer So-lala-Figur zufriedengeben und einer mittelmäßigen Partnerschaft, die sich ganz gut anfühlt, aber ist da nicht noch viel mehr möglich? Eine Arbeit, die uns gefällt und ernährt, schön und gut, aber ist da nicht noch mehr drin? Eine Aufgabe mit mehr Verantwortung, Glanz und Geld? Und könnten wir nicht auch an unserer Widerstandskraft arbeiten? Auf dem Höhepunkt der Pandemie wurden Tausende von Onlinekursen zu Resilienz angeboten, um dem Virus zu trotzen und gelassen mit den Einschränkungen umzugehen.

Wir wollen uns ungern nachsagen lassen, wir hätten zu früh aufgegeben und uns und unseren Kindern grandiose Chancen vorenthalten. Und so arbeiten wir an unserem Gewicht, unserer Fitness, unserer Ernährung, unserem Liebesleben, unserer Work-Life-Balance, unserem Erziehungsstil, unserer Karriere, unserer Resilienz. Optimieren Glaubenssätze, Morgenroutinen und Erfolgs-, Resilienz- und Finanzstrategien und leben auf einer Dauerbaustelle. Unser Work-out läuft rund um die Uhr. Physisch, emotional, mental, spirituell. Doch sosehr wir uns auch anstrengen: Die Erfolge halten sich in Grenzen, und wir bleiben doch in der Tiefe ruhelos und unbefriedigt.

Selbstreflexion

- Was gefällt Ihnen nicht an sich selbst? Womit sind Sie unzufrieden?
- Welche Veränderungsimpulse kommen von innen, welche von außen?
- Welche Versuche haben Sie bisher unternommen, daran etwas zu ändern?
- Wie viel Zeit, Geld und Energie haben Sie investiert, sich zu verbessern?
- Wie geht es Ihnen, wenn Sie sich das Ergebnis anschau en?
- Wie wäre es, wenn Sie damit aufhören würden?

Von meiner ersten Meditationslehrerin habe ich mir zwei Schlüsselwörter behalten »let go« (lass los) und »good enough« (gut genug). Sie hatte sie von ihrem tibetischen Lehrer übernommen, mit dem sie viele Jahre geübt hatte. Er war überzeugt davon, dass Westler mit diesen beiden Anweisungen anfangen können, aus der Performancefalle auszusteigen und sich zu entspannen. Sie fallen mir immer wieder mal ein, wenn ich anfange, mich in etwas zu verbeißen. Doch lange wusste ich nicht, wie ich loslassen und mir selbst vermitteln konnte, dass ich gut genug bin. Den Schlüssel hierzu fand ich endlich in der Zenmeditation.

Ich erinnere mich an eine intensive Übungswoche, in der mir immer wieder die Tränen über das Gesicht liefen, weil ich plötzlich spürte, wie sehr ich mich mit meinen Selbstverbesserungsprogrammen, die ich mir immer wieder auferlegt hatte, über Jahre hinweg unter Druck gesetzt hatte. In der Stille des Zen konnte ich zum ersten Mal spüren, wie viel Gewalt ich mir damit angetan, wie unerbittlich ich mich angetrieben hatte. Während ich Stunden um Stunden auf meiner Matte saß und versuchte, meinem Atem zu folgen, lief der Selbstverbesserungsmotor erst auf Hochtouren, heulte auf, fing irgendwann an zu stottern und gab schließlich den Geist auf. Es fühlte sich so an, als würde mein ganzes System rufen: »Stopp! Hör endlich damit auf. Du machst mich fertig. Ich kann nicht mehr.« Nach einer Woche inneren Kampfes war ich vollkommen fertig und gleichzeitig wie erlöst. Etwas hatte sich aufgelöst, ich wusste nicht, wie das passiert war. Aber es gab keinen Zweifel. Etwas Tiefgreifendes war geschehen. Es war keine intellektuelle Erkenntnis, eher eine heftige Erschütterung, ein Begreifen mit dem ganzen Körper. Nach den Tränen kam das Lachen. Erst konnte ich nicht mehr aufhören zu weinen, dann konnte ich nicht mehr aufhören zu lachen, während der Sitzrunden kicherte ich still in mich hinein, in der Pause stand ich vor dem Spiegel, prustete laut los und fragte mich: »Wer ist diese Frau? Ich kenne sie nicht, aber sie scheint irgendwie interessant zu sein und ein bisschen verrückt.«

Erst durch diese tiefe, befreiende Erschütterung erkannte ich, dass ich bis dahin ruhelos Traumvorstellungen eines perfekten Ichs, eines perfekten Lebens hinterhergehechelt war, ohne jemals anzukommen, und damit mein Leiden nur noch vergrößert hatte. Durch die Praxis des Zazen wurde mir klar, dass wir das Problem an der Wurzel packen müssen. Die Wurzel ist der unruhige, immer unzufriedene, wandernde Geist, der ständig gefüttert werden will und uns vorgaukelt, was wir alles dringend auf der Stelle bräuchten, um uns gut zu fühlen. Es ist der gierige Geist, der uns ruhelos und unzufrieden macht und nach ständiger Veränderung streben lässt. Aus der Perspektive des Zen fehlt uns nichts. Überhaupt nichts. Wir haben alles, was wir brauchen. Doch erst, wenn der ruhelose Geist still wird und aufhört, sich unaufhörlich um sich selbst zu drehen oder Schimären von einem perfekten Leben hinterherzujagen, können wir spüren, dass wir vollkommen sind. Ich weiß, das klingt etwas verwegen. Und wenn Sie gerade dringend einen Job brauchen oder mehr Geld oder ein ernstes gesundheitliches Problem haben, denken Sie wahrscheinlich: die spinnt. Von wegen, es fehlt nichts. Doch selbst, wenn Ihnen etwas Wichtiges fehlt, können Sie, wenn Sie für einen Moment still werden und alles Wollen und Kämpfen ruhen lassen, die Erfahrung machen, dass jetzt gerade, nur in diesem Augenblick, eigentlich alles in Ordnung ist.

Zenimpuls: Unbehagen loslassen

Setzen Sie sich aufrecht und entspannt hin. Nehmen Sie wahr, was Sie in diesem Moment schützt. Stabile Wände, Menschen in Ihrer Nähe. Werden Sie sich der Stärke in Ihrem Inneren bewusst. Nehmen Sie wahr, welches Unbehagen gerade auftaucht, vielleicht ein Gefühl von Mangel. Lassen Sie das Unbehagen, das Gefühl des Mangels mit dem Ausatmen los. Befreien Sie sich von Anspannung, vom Druck, etwas verändern zu müssen.

Gut zu wissen: Unser Gehirn ist auf Schwierigkeiten und das, was uns fehlt, ausgerichtet. Das liegt am Negativitätseffekt des Gehirns, den die Evolution hervorgebracht hat, um das Überleben unserer Vorfahren zu sichern. Unser Gehirn sucht nach schlechten Nachrichten, konzentriert sich übermäßig auf sie, sorgt dafür, dass Stresshormone ausgeschüttet werden, und speichert belastende Erfahrungen zuverlässig ab. Sie bleiben länger im Netz der Erinnerung hängen als positive. Bei schmerzhaften, schädlichen Erfahrungen kann man unser Gehirn laut dem US-amerikanischen Neurowissenschaftler und Meditationslehrer Rick Hanson mit einem Klettband vergleichen, bei freudvollen, nützlichen Erfahrungen verhält es sich eher wie Teflon. Über Millionen Jahre hat dieser Mechanismus unser Überleben gefördert. Heute erzeugt er viel Leid. Die gute Nachricht ist: Wir können den Negativitätseffekt ausgleichen, indem wir uns in der Meditation beispielsweise darauf konzentrieren, dass wir uns sicher und geborgen fühlen, oder indem wir uns ein paar Minuten Zeit nehmen, eine positive Erfahrung ganz in uns einsinken zu lassen. Wir können uns ein paar Atemzüge auf die gute Erfahrung konzentrieren, sie intensivieren, im Körper spüren und erkunden, was daran frisch oder neu und bedeutsam ist. Im Alltag nehmen wir uns meist viel zu wenig Zeit, eine gute Erfahrung zu würdigen und zu genießen. Doch nur wenn wir uns wirklich damit verbinden, gewissermaßen noch mal nachschmecken wie bei einem guten Essen oder einem besonderen Wein und dann wieder loslassen, kann das Gehirn die Teflonschicht überwinden und die positive Erfahrung abspeichern.

Als ich zum Zen kam, hatte ich jede Menge Probleme, aber die meisten davon existierten, bei Lichte betrachtet, nur in meinem Kopf. Ich war auf den Negativitätseffekt reingefallen. Damals wusste ich noch nichts von diesem Effekt, aber ich konnte die Erfahrung machen, dass er sich während längerer Sitzperioden einfach auflöste. Das Sitzen in Stille brachte mich endlich zu mir. Ich hörte auf, jemand anderes sein zu wollen, und freundete mich mit der Frau an, die dort auf dem Bänkchen saß und schniefte und offensichtlich dringend Zuneigung brauchte und keinen weiteren Druck. Plötzlich verstand ich, dass an mir nichts verkehrt war und die notwendige Zuneigung nur aus der Quelle in mir selbst sprudeln konnte.

Zengeschichte

Dazhu Huihai kam zu Meister Mazu. Mazu fragte ihn: »Warum kommst du hierher?« Dazhu erwiderte: »Ich komme, weil ich nach Erleuchtung strebe.« Der Meister sagte: »Warum verlässt du deine Heimat, um umherzuwandern, und schätzt deinen eigenen kostbaren Schatz gering? Es gibt nichts, was ich dir geben könnte. Warum also suchst du die Erleuchtung bei mir?« Dazhu fragte: »Aber was ist denn mein eigener Schatz?« Der Meister antwortete: »Es ist eben der, der mir gerade diese Frage stellt. Er fasst alles in sich, und nichts fehlt ihm. Es ist also nicht nötig, außerhalb deiner selbst zu suchen.«

(Aus dem »Jingde chuandenglu«, der »Aufzeichnung von der Weitergabe der Leuchte aus der Jingde-Ära«)

Diese Geschichte bringt wunderbar auf den Punkt, worum es im Kern geht. Doch Vorsicht. Wir können sie leicht als unterhaltsame Anekdote von merkwürdigen Männern aus fernen Zeiten abtun. Erleuchtung? Sonst noch was? Doch Dazhu könnte auch Martina, Birgit oder Claudia heißen. Der Meister könnte eine weise Frau oder Mentorin sein, die uns aus der Endlosschleife herausholt. Wir sind wie Dazhu und suchen verzweifelt nach Heilung, Liebe, Erfolg und Erfüllung. Doch wir suchen an der falschen Stelle und werden deshalb nicht fündig. Erst wenn wir uns radikal uns selbst zuwenden und die rastlose Suche im Außen aufgeben, können wir den kostbaren Schatz entdecken, der immer schon da war und darauf wartet, gehoben zu werden.

Ich weiß, das sind schöne Worte. Und sie rufen zu Recht Skepsis hervor. Das klingt ja alles ganz nett mit dem Schatz, der schon da ist. Aber was heißt das jetzt? Sich nicht mehr anstrengen, einfach auf dem Schatz sitzen bleiben und mal abwarten, was so passiert? Und überhaupt, was soll der Schatz sein? Die Zen-Antwort ist klar: Die, die fragt, ist der Schatz. So einfach ist es. Ich musste Mitte vierzig werden, um das zu verstehen, und brauchte weitere zehn Jahre, diese Antwort zum Leben zu erwecken, und bin mir immer noch nicht sicher, ob ich sie wirklich ganz erfasst habe.

Die Suche im Außen aufzugeben bedeutet nicht, dass wir uns nicht mehr entwickeln. Im Gegenteil. Ich bin überzeugt davon, dass der Sinn unseres Daseins Entwicklung ist. Entwicklung im Wortsinn. Dass wir uns aus den Verwicklungen in fruchtlosen Suchbewegungen lösen und uns ent-wickeln. Dass wir wachsen und uns dabei nicht an äußeren Wachstumszielen orientieren, nicht an Kennziffern, Karrierestufen, Kleidergrößen, spirituellen Zielen, die andere für uns definieren oder an Partnerschaftsmodellen, sondern an Wachstumsimpulsen, die organisch von innen kommen. Der Antrieb für Bewegung kommt dann nicht aus dem unruhigen, rastlosen Geist, sondern aus der Tiefe unseres ursprünglichen Seins.

Es kann sich auch in einer Karriere ausdrücken. Gegen Karriere ist überhaupt nichts einzuwenden. Es macht jedoch einen großen Unterschied, ob wir unseren von Gier getriebenen, oberflächlichen Vorstellungen folgen oder unserer tiefen Sehnsucht nach einem erfüllten Leben, auch wenn wir gar nicht genau wissen, wie dieses erfüllte Leben aussehen könnte. Umso besser. Dann sind wir nicht gefangen in einengenden Vorstellungen, wie die Dinge gefälligst sein sollten, und das erfüllte Leben kann sich entfalten. Eine Coachingkundin nahm einen Teil der Elternzeit erst, bevor ihre Kinder in die Schule kamen, und reiste mit ihrer Familie ein halbes Jahr im Wohnmobil durch Europa. Im entspannten Reiserhythmus und in den stillen Momenten in der Natur verstand sie allmählich, was ihr Antrieb war. Frauen in weniger privilegierten Ländern unterstützen, in Führung zu gehen. Wenn die Wachstumsimpulse aus den tieferen Schichten unseres Seins kommen, entsprechen sie auch unseren echten Bedürfnissen. Dadurch erst fühlen wir uns erfüllt. Bedürfnisbefriedigung, die sich nur aus äußeren Impulsen speist, macht nicht lange froh, sondern erzeugt bald ein neues Hungergefühl.

In einem entspannten, verbundenen Zustand sind wir besser im Kontakt mit uns und spüren, was uns wirklich nährt. Deshalb ist es ratsam, wenn wir uns unwohl fühlen und einen Mangel spüren, erst mal still zu werden und – so paradox es klingt – die Fülle zu spüren, die mitten im Mangel immer auch vorhanden ist. Das verspricht mehr Erfolg als hektische Versuche, den Mangel durch Einkaufen, ziellos im Netz surfen, übermäßig Schokolade futtern oder andere Ersatzbefriedigungen zu beseitigen.

»Es gibt keinen größeren Kummer als die Unzufriedenheit. Es gibt keine größere Schwäche als den Wunsch, etwas zu bekommen. Deshalb besitzt derjenige, der weiß, dass genug genug ist, immer genug«, heißt es im Tao Te King.

Gut zu wissen: Die tiefsten Wurzeln unseres Begehrens, schreibt der Neurowissenschaftler Rick Hanson in seinem Buch »Achtsam wie ein Buddha«, liegen in biologisch bedingten Triebzuständen, die wir mit anderen Lebewesen teilen. In einen getriebenen Zustand geraten wir, wenn wir hinsichtlich eines wichtigen Bedürfnisses ein durchdringendes Gefühl des Mangels spüren. Unsere wichtigsten Bedürfnisse sind Sicherheit, Befriedigung und Verbundenheit. Bei Mangel setzt unser Gehirn eine neurohormonelle Stressreaktion in Gang. Die Amygdala signalisiert dem Sympathikus, sich auf Flucht oder Kampf vorzubereiten, oder weist den Parasympathikus an, auf Erstarren umzuschalten. Gleichzeitig werden Stresshormone ausgeschüttet. Je nachdem, welches Bedürfnis nicht erfüllt wird – Sicherheit, Befriedigung oder Verbundenheit –, empfinden wir Angst, Frustration oder Isolation. Die entscheidende Frage lautet also: Können wir unsere Bedürfnisse auf eine heilsame Weise befriedigen?

Nicht immer stehen uns äußere Ressourcen zur Verfügung. Manchmal hat die beste Freundin keine Zeit, sich unseren Kummer anzuhören. Oder wir geraten in eine beängstigende Situation, und es ist gerade niemand da, der uns zur Seite stehen kann. Doch unsere inneren Ressourcen verlassen uns nie. Besonders stärkt uns die Einsicht, dass unsere elementaren Bedürfnisse bereits erfüllt sind. Durch die Übung des Zazen können wir diese Ressourcen aktivieren. Eine Erfahrung von Fülle und Harmonie im Kern unseres Wesens. Dann ist der Körper nachweislich fähig zu regenerieren und neue Kraft zu tanken.

Meditation: Fülle spüren

Konzentrieren Sie sich auf das Gefühl des Genugseins in diesem Moment. Sie verfügen über genügend Luft zum Atmen. Sie können darauf vertrauen, dass der

Atem von allein fließt. Sie sind lebendig, auch wenn vielleicht Sorgen oder Schmerzen da sind. Fühlen Sie sich so sicher, wie es Ihnen möglich ist. Wenn Ängste und Sorgen auftauchen, versuchen Sie, sie mit dem Ausatmen so gut es geht loszulassen. Finden Sie allmählich in ein Gefühl des Friedens. Konzentrieren Sie sich auf Dankbarkeit für all das, was Sie am Leben hält. Konzentrieren Sie sich auf einfache Gefühle der Freude. Bleiben Sie noch ein wenig so sitzen und ruhen im Gefühl der Fülle, des Friedens, der Zufriedenheit.

Segeln im Sturm – mit schwierigen Gefühlen umgehen

Auch wenn wir verstanden haben, dass wir selbst der Schatz sind, nach dem wir lange gesucht haben, bedeutet das nicht, dass das Leben dann ein Spaziergang ist. Es wird definitiv leichter, und dennoch tauchen immer wieder heftige Gefühle auf, die uns ins Schleudern bringen können und die mühsam aufgebaute innere Sammlung ins Wanken bringen oder auch zunichtemachen. Jedenfalls vorübergehend.

Je nachdem, in welchem Gefühlszustand wir sind, möchten wir vor Freude die ganze Welt umarmen oder uns weinend irgendwo in die Ecke kauern und am liebsten nie mehr aufstehen. Düstere oder destruktive Gedanken lassen sich vielleicht für kurze Zeit durch freundlichere vertreiben oder neutralisieren. Bei Gefühlen funktioniert das nicht. Sie entziehen sich unserer Kontrolle und führen ein Eigenleben. Oft erleben wir ein Wechselbad. Eben noch waren wir heiter und gelassen, plötzlich gehen wir vor Wut an die Decke oder verzweifeln wegen einer schlechten Nachricht. Gefühle sind mächtig, sie überfallen uns wie Räuber, die sich unbemerkt anschleichen. Und obwohl wir sie manchmal gern abschütteln möchten, entfalten sie gleichzeitig eine verführerische Kraft. Sie bringen Aufregung, Drama und Intensität in unser Leben.

Stellen wir uns für einen Moment vor, wir hätten keine Gefühle. Wir wären immer in einem gleichförmigen, wattigen Zustand. Auf die Frage, wie es uns geht, könnten wir nicht antworten, weil wir keinen Maßstab dafür hätten. Ich finde, das klingt furchtbar. Aber von Gefühlen überwältigt zu werden, ist auch kein Vergnügen. Bestimmt empfinden auch Tiere Gefühle. Aber die menschliche Bandbreite ist vermutlich ein Privileg unserer Spezies. Wir sollten Gefühle deshalb nicht ablehnen, sondern einen heilsamen Umgang mit ihnen entwickeln. Meditation ist dabei äußerst hilfreich.

Zenimpuls: Ein unangenehmes Gefühl erkunden

Setzen Sie sich aufrecht und entspannt hin. Lassen Sie Spannungen in Ihrem Körper mit dem Ausatmen abfließen. Lassen Sie auftauchende Sorgen los. Machen Sie sich bewusst, dass es Ihnen im Grunde gut geht, jetzt in diesem Moment. Wenn Sie das Gefühl haben, dass Geist und Körper ein wenig zur Ruhe gekommen sind, rufen Sie sich ein heftiges, unangenehmes Gefühl der letzten Tage in Erinnerung. Konzentrieren Sie sich ganz auf die körperliche Wahrnehmung dieses Gefühls. Wo genau im Körper können Sie es spüren? Wie fühlt es sich an? Heiß? Kalt? Neutral? Wenn es eine Form hätte, wie sähe sie aus? Wenn es eine Farbe hätte, welche wäre das? Lassen Sie das Gefühl so intensiv wie möglich werden. Versuchen Sie, alles Analysieren und Bewerten loszulassen, und bleiben Sie ganz bei der körperlichen Wahrnehmung des Gefühls. Wenn es Ihnen zu heftig wird, kehren Sie zu Ihrem Atem zurück und wenden sich dann wieder dem Gefühl zu. Versuchen Sie, so lange dabeizubleiben, bis es von selbst abebbt.

Weil Gefühle anscheinend urplötzlich auftauchen und von uns Besitz ergreifen, ist uns nicht bewusst, dass sie oft wenig mit der Gegenwart zu tun haben und ein spätes Echo alter, längst vergangener Erfahrungen sind, die plötzlich quicklebendig werden. Das Echo hallt so laut, dass wir zusammenzucken, aus dem gegenwärtigen Moment herausfallen und in die Vergangenheit katapultiert werden, ohne es zu merken. Eine Kollegin macht eine blöde Bemerkung über unser Kleid, und plötzlich fühlen wir uns wie damals mit sieben in der Grundschule, als wir die alten Kleider der älteren Schwester auftragen mussten und uns geschämt haben. Die Angst, sich zu blamieren, kriecht hoch, breitet sich aus, wir sind für einen Moment innerlich wie gelähmt, verstehen gar nicht, was los ist, weil das alles unbewusst unter dem Radar abläuft, und könnten sofort anfangen zu heulen. Das tun wir natürlich nicht, schließlich wollen wir uns keine Blöße geben. Der erste Schritt, mit einem schwierigen Gefühl umzugehen, ist, das Gefühl wahrzunehmen und sich darüber klar zu werden, ob es aktuell ist oder aus einer anderen Zeit stammt.

Selbstreflexion

- Nehmen Sie sich einen Moment Zeit, ein unangenehmes Gefühl, das gerade aufgetaucht ist, zu erkunden.
- Gehört das Gefühl tatsächlich in diese Situation jetzt? Oder stammt es aus einer anderen Lebensphase? Wenn ja, wie alt sind Sie?
- Was hätten Sie damals gebraucht, um mit diesem Gefühl klarzukommen?
- Können Sie sich das, was Sie damals gebraucht hätten, jetzt geben? Vielleicht in Form von trösten, Mut zusprechen, beruhigen?
- Wenn das Gefühl tatsächlich zu der aktuellen Situation gehört, wozu fordert Sie das Gefühl auf? Was wollen Sie tun?

Im Zen geht es nicht darum, unangenehme Gefühle zu unterdrücken. Im Gegenteil. **Alles, was wir mit Macht wegdrängen, wird noch stärker und wirkt im Untergrund.**

Verdrängung und Selbstverurteilung helfen nicht. Im Buddhismus werden Emotionen leidbringende Geisteszustände genannt. Was Leid bringt, wollen wir so schnell wie möglich loswerden, doch der Weg zur Befreiung führt über liebevolle Akzeptanz. In der Gestalttherapie nennt man diese Haltung das Paradoxon der Veränderung. Nur wenn wir vollkommen annehmen, was jetzt gerade ist und wie es ist, ohne es anders haben zu wollen, ist Veränderung möglich. In der Übung des Zazen nehmen wir die unangenehmen Gefühle wahr, nehmen sie an, lassen sie da sein und treten innerlich einen Schritt zurück. Die erste bahnbrechende Einsicht ist die Erkenntnis, da ist Wut in mir, aber ich bin nicht die Wut. Da ist Neid in mir, aber ich bin nicht der Neid. Da steigt Angst in mir auf, aber ich bin nicht die Angst. Wut, Neid und Angst sind elementare Gefühle, die sehr heftig sein und von uns Besitz ergreifen können, aber sie sind nicht unsere Wirklichkeit, auch wenn sich das manchmal so anfühlt.

»Du bist der Himmel. Alles andere – das ist nur das Wetter.« Dieser Satz stammt von der buddhistischen Nonne und Meditationslehrerin Pema Chödrön, für mich eine der inspirierendsten Lehrerinnen und Autorinnen. Dass wir nicht nur aus unseren Gedanken und Gefühlen bestehen, dass wir in der Tiefe unseres Wesens nicht die Wolken sind, sondern der blaue Himmel, wie es im Zen heißt, hatte ich schon mehrfach gelesen. Klingt gut, dachte ich, aber stimmte das auch? Ich hatte beschlossen, nichts mehr einfach so zu glauben, was mir jemand, und sei er noch so weise, erzählt. Eine spirituelle Praxis, die mir und anderen nicht hilft, wenn ich im Sturm stehe und der Wind unerbittlich von vorne bläst, kann mir gestohlen bleiben. Ich habe Zen lange und ausgiebig geprüft, und Zen hat den Härtetest bestanden.

Wie sehr Zenmeditation hilft, im Aufruhr heftiger Gefühle ruhig und handlungsfähig zu bleiben, erfuhr ich, als meine Mutter im Sterben lag. Hätte mir jemand vor 20 Jahren gesagt, dass meine Mutter eines Tages meine spirituelle Lehrerin sein würde, hätte ich ihn für verrückt erklärt. Wir hatten es nie leicht miteinander. Meine Mutter, selbst mit einer sehr strengen Mutter aufgewachsen und durch die emotionale Kälte der Kriegsjahre geprägt, konnte sich nicht in mich einfühlen. Ich bin ihr, glaube ich, immer fremd geblieben. Und auch mir fiel es schwer, ihre Art, Liebe zu zeigen, zu verstehen. Und doch war am Ende eine tiefe Begegnung möglich. Ohne meine lange Zenpraxis – davon bin ich überzeugt – wäre ich nicht in der Lage gewesen, mit den heftigen Gefühlen umzugehen, die mich an ihrem Sterbebett überfielen. Trauer, Schmerz, Angst, etwas falsch zu machen, Wut über das, was nicht möglich war zwischen uns, Panik vor dem Unbekannten. Fünf Tage vor ihrem Tod hatte meine Mutter aufgehört zu sprechen und wollte nichts mehr essen. Mein Vater rief mich an, und ich setzte mich sofort in den Zug. Viele Stunden saß ich an ihrem Bett im Pflegeheim, hielt ihre dünne, kühle Hand, strich ihr über die fiebrige Stirn, saß schweigend neben ihr, praktizierte Zazen, konzentrierte mich auf meinen Atem, rezitierte innerlich das Herzsutra, das auf Sesshins rezitiert wird und das mir immer einfällt, wenn es innerlich eng wird. Gemeinsam mit meinem Vater sang ich Lieder, die sie früher gern gesungen hatte, sagte Gebete, von denen ich wusste, dass sie ihr einmal wichtig waren. Zwischendurch telefonierte ich mit dem Arzt, sprach mit dem Pflegeteam, suchte verzweifelt nach der Patientenverfügung, die spurlos verschwunden war.

Alle anderen um mich herum dachten, sie käme noch mal zurück, würde sich noch einmal erholen. Aber ich wusste, dass sie sich auf den Weg machte, und sie wusste es auch. Ich hatte es in ihrem letzten Blick gesehen, bevor sie die Augen schloss. Immer wieder suchte sie den Augenkontakt zu mir und sah mich auf eine Weise an, nach der ich mich als Kind immer vergeblich gesehnt hatte. In ihrem Blick war reine Liebe. Das war ihr Abschiedsgeschenk, und ich konnte es erwidern, wobei es keines Erwiderns bedurfte. Es geschah alles gleichzeitig. Wir fielen beide aus Zeit und Raum, fielen heraus aus unseren Rollen. Es gab keine Mutter und Tochter in diesem Moment. Wir lösten uns auf in einem Feld reinen Gewahrseins. Irgendwann konnte sie die Augen nicht mehr öffnen. Wenn sie unruhig wurde, sagte ich ihr, dass sie jetzt gehen könne und bald erlöst sei, dass sie loslassen und vertrauen könne. Ich hatte keine Ahnung, wo diese Sätze herkamen. Mein Verstand schaltete sich zwischendurch ein und meckerte: Klingt das nicht ein bisschen vermessen, ihr zu sagen, dass sie gehen kann? Doch die Sätze waren da, sie stiegen aus der Tiefe des Seins hoch und wirkten spürbar. Ihr Körper entspannte sich allmählich. In den letzten Stunden wurde sie zunehmend ruhig. Dann hörte sie kaum merklich auf zu atmen. Es war, als sei sie einfach eingeschlafen, ganz friedlich, ohne Kampf, mit einem Lächeln.

Ich wusste nicht, dass dem Tod eine Schönheit innewohnt, die einen ganzen Raum verwandeln und in vollkommenen Frieden, tiefe Stille und Liebe tauchen kann. Ihr Gesicht war völlig entspannt und gelöst wie die Atmosphäre im Raum. Wir saßen noch lange bei ihr. Mein Mann und meine Tochter waren in der letzten Stunde dabei, ich fühlte mich geborgen und getragen. Auch in mir breitete sich ein tiefer Frieden aus, ich musste immer wieder lächeln, während die Tränen liefen. So wurde meine Mutter, die immer über alles die Kontrolle behalten wollte und meinen Meditationsweg mit skeptischem Desinteresse betrachtet hatte, in ihren letzten Tagen zu meiner spirituellen Lehrerin. Am Ende war sie voller Hingabe und Vertrauen.

Auf meinem Zenweg gab es immer wieder Momente, in denen ich mich gefragt habe, wozu diese vielen Stunden, die ich auf meinem Bänkchen schmorte, gut sein sollen. Plötzlich wusste ich, dass sie mich darauf vorbereitet haben, im entscheidenden Moment am richtigen Ort zu sein, im Aufruhr der Gefühle ruhig zu bleiben und gelassen zu tun, was zu tun ist. Ich bin dankbar, dass meine Meditationspraxis mir geholfen hat, in dieser existenziellen Situation ruhig zu bleiben und das Geschenk anzunehmen, das ein friedlicher Tod bereithält. Mich daran zu erinnern war in den Wochen danach, als noch einmal heftige Wellen der Trauer kamen, tröstlich.

Geerdet und zentriert zu bleiben, wenn schwierige Gefühle auftauchen, ist ein Weg, mit heftigen Emotionen umzugehen. In der Praxis des Zazen lernen wir, nicht wegzulaufen, wenn die Flammen näher kommen, sondern anzuhalten und im Feuer sitzen zu bleiben, im Vertrauen darauf, dass wir die Hitze aushalten werden, wenn wir gleichzeitig unseren Körper und unsere Erdung spüren. In einer Zeit, in der ich unter heftigen, unerklärlichen Rückenschmerzen litt, sagte mir eine Osteopathin: »Der Schmerz will nicht verstanden, sondern gefühlt werden.« Das fand ich sehr hilfreich, und es ist exakt das, was wir im Zazen üben: Mit dem sein, was da ist, nicht ausweichen, es wirklich spüren, ohne zu analysieren, ohne daraus eine Geschichte zu stricken.

Und gleichzeitig ist es hilfreich, wenn wir nicht nur den schwierigen Gefühlen begegnen, sondern auch die positiven, nährenden Emotionen stärken. Denn um dem Tiger Angst ins Auge zu blicken, brauchen wir Furchtlosigkeit. Um das Schwere tragen zu können, brauchen wir eine Portion Leichtigkeit. Um durch Trauer hindurchgehen zu können, benötigen wir Heiterkeit und Freude an dem, was gerade nicht schwer und trist ist. Um uns verzeihen zu können, dass wir gerade einen Fehler gemacht haben, brauchen wir Selbstmitgefühl.

Meditation: Sich mit Liebe und Mitgefühl dem Schwierigen zuwenden

Spüren Sie für eine Weile Ihren Körper und den Kontakt mit dem Boden. Nehmen Sie wahr, wie der Atem kommt und geht. Lassen Sie ein Gefühl von Wohlbefinden und geerdet sein entstehen. Vergegenwärtigen Sie sich das Gefühl, wenn Sie mit jemandem zusammen sind, dem Sie am Herzen liegen, der ehrlich daran interessiert ist, dass es Ihnen gut geht. Öffnen Sie sich dem Gefühl, dass dieser Mensch Sie gernhat. Denken Sie sich auch andere, denen Sie wichtig sind. Nehmen Sie das Gefühl, geliebt zu werden, ganz in sich auf.

Denken Sie an jemanden, der Ihnen am Herzen liegt. Spüren Sie Mitgefühl mit diesem Menschen. Vielleicht können Sie Ihr Mitgefühl innerlich in Sätzen ausdrücken wie: Mögest du nicht leiden, möge deine Behandlung erfolgreich sein …

Wenden Sie sich dann Ihren eigenen Lasten, Schmerzen und Leiden zu. Lassen Sie Mitgefühl mit sich selbst entstehen. Konzentrieren Sie sich auf gute Wünsche für sich selbst. Möge ich mir nicht so viele Sorgen machen. Möge ich meine Probleme mit Leichtigkeit lösen. Möge ich meinen Frieden mit diesem Verlust machen … Oder welcher Satz auch immer das ausdrückt, was Sie gerade am meisten brauchen.

Lassen Sie dann alle Gedanken an Ihr Leid los und verweilen Sie in einem Gefühl von Wärme und Liebe.

Einmal schmelzen, bitte – das Herz von Verkrustungen befreien

Um den Schatz in unserem Inneren heben zu können, brauchen wir einen liebevollen Blick auf uns selbst. Doch dieser Blick ist vielen von uns abhandengekommen. Wir kennen den kritischen, prüfenden Blick, der wie ein greller Scheinwerfer alle Ecken ausleuchtet, in denen sich Schmutz angesammelt hat. Aber was ist mit dem milden, sanften, mitfühlenden Blick, der freundlich auf uns ruht, auch und gerade auf Problemzonen? Da brauchen wir Nachhilfe. Ich jedenfalls brauchte ein ganzes Nachhilfe-Paket.

Einmal fragte mich mein Lehrer: »Bist du gütig mit dir?« Ich saß vor ihm wie ein Ganzkörperfragezeichen. Das Wort *gütig* schlug ein wie ein Blitz. Mir wurde klar, dass ich keine Ahnung hatte, was er meinte. Gütig? Und dann auch noch mit mir? Das Wort Güte existierte gar nicht in meinem aktiven Wortschatz. Es klang wie ein Echo aus einer fernen Zeit. Und gleichzeitig sprach es eine tiefe Sehnsucht in mir an. Vor Verlegenheit brach ich in Gelächter aus. »Ich? Gütig mit mir? Güte und Großzügigkeit mit anderen, da kenne ich mich aus. Darüber könnte ich eine Doktorarbeit schreiben, aber mit mir selbst? Wie soll das denn gehen?«, fragte ich. »Dann fangen wir jetzt an, das zu üben«, war seine Antwort. Üben? Das kann man üben? Ich war ehrlich erstaunt und ungläubig.

Heute sind die Ratgeberregale in den Buchhandlungen voll mit Büchern über Selbstliebe und Selbstmitgefühl. Alle Frauenzeitschriften pfeifen es uns auf den Titelblättern zu. Als mir die Frage nach der Güte mit mir selbst zum ersten Mal gestellt wurde, waren die Wörter Selbstmitgefühl und

Selbstliebe noch nicht im Mainstream angekommen. Der Gedanke, sich selbst liebevoll zu betrachten, war für mich vollkommen neu. Er erschien mir geradezu absurd. Ich bin mit strengen Blicken, immer auf der Suche nach Fehlern aufgewachsen. Ich litt unter diesen Blicken, und gleichzeitig fühlte es sich so an, als seien sie ein Teil von mir und deshalb unveränderlich. Durch die Begegnung mit Zen erkannte ich, dass sich ein liebevoller Blick üben lässt, auch wenn er einem nicht in die Wiege gelegt wurde. Eine tröstliche Erkenntnis.

Selbstreflexion

- Was assoziieren Sie spontan mit Güte?
- Wie ist Ihr Blick auf sich selbst? Eher milde, eher streng?
- Wie kommentieren Sie sich, wenn die Dinge nicht so gut laufen? Verurteilend, antreibend oder tröstend, liebevoll, ermutigend?
- Was denken Sie die meiste Zeit über sich selbst?
- Wie wäre es, wenn Sie sich wie eine gute Freundin betrachten könnten, die Ihnen von Herzen Gutes wünscht?

Güte gehört neben Liebe, Freude und Gelassenheit zu den vier Herzensqualitäten, die in allen buddhistischen Schulen und auch im Zen gelehrt werden. Für mich fühlte sich Güte anfangs an wie ein fremdes Land, in dem ich die Sprache nicht verstand. Ich konnte mir nicht vorstellen, dort jemals heimisch zu werden. Die Sätze, mit denen ich mich bisher abgewertet hatte – *Das schaffst du nie. Jetzt müsstest du aber wirklich mal weiter sein mit Thema xy. Das war ja wohl eine bescheuerte Antwort. Wie siehst du denn heute aus?* – fühlten sich zwar nicht gut an, aber damit kannte ich mich aus, sie waren mir vertraut. Und was uns vertraut ist, gibt Sicherheit. Mir selbst in einer schwierigen Situation innerlich zu sagen: »Meine Liebe, das ist jetzt wirklich hart, aber du kommst da wieder raus. Du hast schon ganz andere Sachen geschafft«, erschien mir sehr gewöhnungsbedürftig.

Mich zu kritisieren oder anzutreiben war mir eher vertraut. Wie geht es Ihnen damit? Auf einer Skala von eins bis zehn: Wie gütig und großzügig sind Sie mit sich selbst? Und wie gütig und großzügig sind Sie mit anderen? Wie groß ist die Diskrepanz zwischen der ersten und der zweiten Antwort? Vielen Frauen fällt es wesentlich leichter, gütig mit anderen zu sein. Mit sich selbst gehen sie so hart ins Gericht, wie sie es mit einer guten Freundin nie tun würden. Natürlich kann es auch sein, dass es Ihnen eher schwerfällt, großzügig mit anderen zu sein, und Sie vor allem darauf achten, Ihre eigenen Schäfchen ins Trockene zu bringen. Dann gilt es, die Großzügigkeit mit anderen zu stärken. Kennen Sie die Redewendung »Hand aufs Herz«? In der folgenden Übung geht es darum, sie wörtlich zu nehmen und einen kleinen Geschmack von Güte zu kosten. Wenn Ihnen das Wort Güte zu angestaubt vorkommt, können Sie es durch ein anderes ersetzen. Zum Beispiel Herzenswärme.

Zenimpuls: Die Hände auf das Herz legen

Setzen Sie sich aufrecht und entspannt hin. Das geht auch gut auf einem Stuhl. Wenn Sie mögen, legen Sie eine Hand oder beide Hände auf den Brustraum und lassen Sie sie dort für eine Weile ruhen. Spüren Sie die feinen Bewegungen des Atems im Herzraum. Lassen Sie sich davon berühren. Lassen Sie unter Ihren Händen Weite entstehen. (Stellen Sie sich vor, dass alles, was vielleicht gerade noch hart ist, unter ihren Händen schmilzt.) Wenn Sie die Hände wieder lösen, versuchen Sie, noch ein paar Minuten die Verbindung mit Ihrem Herzraum zu spüren, während Sie etwas anderes tun.

Vielleicht legen Sie ohnehin schon, ohne darüber nachzudenken, in manchen Situationen eine Hand aufs Herz. Wenn Sie über etwas sprechen, das Sie sehr berührt, oder um sich in aufgeregten Situationen zu beruhigen. Diese kleine Form der Selbstberührung geschieht oft unbewusst. Sie können, wenn Sie mögen, damit experimentieren, immer mal wieder für ein paar Atemzüge eine Hand oder beide auf Ihr Herz zu legen. Diese kleine Geste wirkt tröstend und beruhigend. Sie werden wahrscheinlich die Erfahrung machen, dass Sie dann besser mit sich selbst in Kontakt kommen.

Für mich erwies sich die Übung des Zazen als sehr hilfreich, um Güte und Mitgefühl nicht nur großzügig an andere zu verteilen, sondern auch um mich selbst damit zu beschenken. Mit fortschreitender Übung entwickelte sich eine Herzenswärme, die sich nach und nach im ganzen Körper ausbreitete. Es ging gar nicht mehr anders, ich saß ja mittendrin einem Feld von Güte. Wie konnte ich mich da selbst aussparen?

Ich hatte das Glück, dass mein damaliger Zenlehrer nicht nur auf hartes Zazen setzte wie andere, denen ich vorher begegnet war, sondern den Aspekt Herzensgüte immer wieder in seinen Vorträgen und geführten Meditationen betonte. Und er gab auch praktische Hinweise. In manchen Meditationsrunden die linke Hand senkrecht mittig vor der Brust halten, die rechte auf dem Unterbauch ruhen lassen. Das half mir, mein Herz zu spüren und mich tiefer einzulassen. Doch ich muss auch zugeben, dass ich dafür gefühlt unendlich viele intensive Zen-Übungswochen brauchte. In schier endlosen Sitzrunden konnten die Verkrustungen, die sich über die Jahre um mein Herz gelegt hatten, nach und nach schmelzen. Dieser Prozess war kein Zuckerschlecken, weil er auch mit emotionalen und körperlichen Schmerzen verbunden ist. Das lässt sich neurowissenschaftlich erklären. Sozialer Schmerz wie beispielsweise Zurückweisung oder Einsamkeit läuft über dieselben neuronalen Verknüpfungen wie körperlicher Schmerz. Als Kind hatte ich mich lange sehr einsam gefühlt, und auch später noch fiel es mir schwer, mich wirklich zugehörig zu fühlen. Es hatte sich eine Menge bei mir aufgestaut. Ich war überglücklich, dass sich dieser Stau Sesshin für Sesshin löste.

Doch mir ist klar, dass ein solch intensiver, fordernder Prozess nicht für jede infrage kommt. Der Zenweg ist geradlinig und kompromisslos. Durch langes, intensives Sitzen öffnet sich irgendwann das Herz, das lässt sich gar nicht verhindern. Plötzlich und unerwartet fallen alle Schmerzen und Verspannungen ab. Wie ein Eisblock, der vollständig schmilzt und sich in ein Meer von warmem Wasser verwandelt, in dem es sich wunderbar schwimmen lässt. Diese Erfahrung ist großartig und unbeschreiblich und verwandelt das Sein von innen.

Aber viele geben vorher auf, vor allem Frauen, weil ihnen der Weg zu hart erscheint. Ich bin sehr froh über die Öffnung, die ich durch langes, hartes Sitzen erfahren durfte. Vor allem in den langen Sitzrunden in den frühen Morgenstunden und beim Nachtsitzen, das beim *Rohatsu*, der intensivsten Übungswoche im Zen Anfang Dezember, praktiziert wird, hatte ich befreiende Durchbrüche. Und trotz aller Freude und Dankbarkeit dafür bleibt auch ein Rest Skepsis. Ist die Härte, die Zen verlangt, wirklich notwendig, um das Herz aufblühen zu lassen? Kann die Härte vielleicht auch kontraproduktiv sein, weil sie alte Muster von Härte und Unerbittlichkeit gegen sich selbst noch mal befeuert? Vielleicht verbirgt sich in diesem Punkt eine didaktische Lücke. Es fehlt ein sanfter, weiblicherer Zugang.

Die Zenmeisterin Doris Zölls hält nichts von Schlafentzug und hartem Durchsitzen, wie es auf einigen intensiven Sesshins üblich ist. Einen Apfel könne man nicht reif prügeln, er fällt vom Stamm, wenn es so weit ist. Ähnlich sei es mit dem spirituellen Weg. Die Zenmeisterin Anna Gamma fängt in ihren Sesshins morgens mit Yogaübungen an, um den Körper auf das Sitzen vorzubereiten und einen leichteren, sanfteren Einstieg zu ermöglichen. Es ist sicher kein Zufall, dass es Frauen sind, die die vielleicht unnötige Härte abmildern und nach anderen Wegen suchen, die Öffnung des Herzens zu unterstützen.

In der Tradition des *Theravada* wird Güte durch eine spezielle Meditation, die Metta-Meditation, kultiviert, in der wir vier zentrale gute Wünsche für uns und andere formulieren. Diese Meditation ermöglicht eine schrittweise Annäherung an eine liebevolle Haltung und einen sanften Übungs- und Öffnungsweg. Vielen Frauen fällt es leichter, mithilfe der Metta-Meditation eine liebevolle Haltung sich selbst und anderen gegenüber zu üben. Und in der geerdeten Kraft von Zazen entfaltet die Metta-Meditation eine besondere Wirkung.

Metta ist ein Wort aus dem altindischen Pali. Es bedeutet so viel wie »liebende Güte, Herzenswärme, Wohlwollen«. In der Metta-Meditation wenden wir uns unserem Herzen zu, lauschen und wünschen uns und anderen Gutes und üben so eine heilsame, wohlwollende Beziehung zu uns selbst und anderen. Metta ist ein eigener Meditationsweg, zu dem es viele wunderbare Bücher gibt, auf die ich am Ende hinweise. Ich kann hier nur einen kleinen Einblick geben. Es empfiehlt sich in jedem Fall, sich von einer guten Lehrerin einführen zu lassen.

Die klassischen Metta-Sätze lauten:

Möge ich glücklich sein.
Möge ich mich sicher und geborgen fühlen.
Möge ich gesund sein.
Möge ich mit Leichtigkeit leben.
(Diese Sätze können abgewandelt werden)

Meditation: Liebende Güte

Nehmen Sie eine entspannte Haltung ein, im Liegen oder im Sitzen. Lassen Sie mit dem Ausatmen überflüssige Anspannung im Körper los. Lassen Sie Schultern, Kiefergelenke, Gesichtsmuskeln, Augen, Hände, Bauch los. Spüren Sie, wie der Atem von ganz allein in Ihren Körper hineinströmt und wieder hinaus.

Nehmen Sie Kontakt zu Ihrem Herzraum auf. Wenn Sie mögen, legen Sie eine oder beide Hände zu Beginn der Meditation (oder immer mal wieder zwischendurch) auf Ihre Herzregion, um sich daran zu erinnern, sich selbst und Ihren Erfahrungen mit einer liebevollen, freundlichen Haltung zu begegnen.

Sprechen Sie innerlich den ersten Metta-Satz, »Möge ich glücklich sein«. Spüren Sie nach, welche Resonanz der Satz in Ihnen auslöst. Nehmen sie alles, was auftaucht, mit einer annehmenden Haltung zur Kenntnis. Auch Müdigkeit, Ärger, Unwohlsein. Wenn Sie bereit sind, verbinden Sie sich mit dem nächsten Wunsch, sprechen Sie innerlich den zweiten Satz, »Möge ich mich sicher und geborgen fühlen«, und lauschen eine Weile der inneren Resonanz. Wenn Sie so weit sind, gehen Sie weiter bis zum dritten Satz, »Möge ich gesund sein«. Spüren Sie der Resonanz in Ihrem Körper nach. Und gehen Sie, wenn Sie so weit sind, bis zum vierten Satz. »Möge ich mit Leichtigkeit leben.« Das Sprechen der Sätze kann drei Minuten dauern oder zehn oder auch noch länger – je nachdem, wie es für Sie passt. Sie können auch während einer Meditationsrunde nur mit einem einzigen Satz üben.

Wenn Sie etwas geübter sind, können Sie die Wünsche ausdehnen auf einen Menschen, der Ihnen nahesteht, auf jemanden, zu dem Sie ein neutrales Verhältnis haben, dann auf jemanden, mit dem Sie gerade Schwierigkeiten haben, schließlich auf alle Menschen in Ihrer Umgebung, Ihrem Land, Ihrem Kontinent, auf der Welt und enden mit »Mögen alle Wesen glücklich sein«. Beginnen Sie in jedem Fall mit guten Wünschen für sich selbst. Wenn ich eins gelernt habe auf dem Zenweg, dann dies: Dass wir nur eine Freude, Unterstützung und Bereicherung für andere sein können, wenn wir uns zunächst selbst befreien von den Verhärtungen, die uns daran hindern, offen und zugewandt zu werden. Die Metta-Meditation ist eine wunderbare Übung dafür. Die Metta-Lehrerin Marie Mannschatz beschreibt Metta als ein »inniges vorbehaltloses Zugeneigtsein« allem gegenüber, was uns im Inneren und im Äußeren begegnet.

In Zensprache übersetzt geht es darum, »eins zu werden mit uns selbst«. Ich habe lange darüber sinniert, was das bedeuten könnte, eins zu werden mit sich selbst. Ich glaube, es bedeutet, dass wir ganz wir selbst sind. Ganz im Sinne von vollständig. Voll und ständig wir selbst. Inklusive aller Macken. Mit allem, was zu uns gehört, Licht- und Schattenseiten. So lange es auch nur einen Aspekt gibt, den wir ablehnen, mit dem wir nichts zu tun haben wollen, bleiben wir gefangen. Das wiederum ist die Stärke von Zazen. In der Stille begegnen wir allem, auch dem, was wir nicht sehen wollen. Wir können nicht flüchten, und das ist gut so.

Selbstreflexion

- Welche Seite an sich möchten Sie am liebsten vor anderen und sogar vor sich selbst verstecken?
- Welche Eigenschaften und Neigungen schicken Sie in die

Verbannung, weil sie Ihnen peinlich sind und nicht zu Ihrem Selbstbild passen?

- An welchen Stellen kämpfen Sie immer wieder gegen sich selbst?
- Was können beziehungsweise wollen Sie einfach nicht an sich akzeptieren?
- Wie wäre es, wenn Sie Ihr Herz für diese Seiten öffnen und sie liebevoll annehmen könnten?

Um Bewegung in einen Aspekt zu bringen, bei dem Sie sich festgefahren fühlen, können Sie auch einen Satz formulieren, der Ihren Wunsch zum Ausdruck bringt, damit endlich Frieden zu schließen, und mit diesem Satz eine Weile üben. Zum Beispiel: *Möge ich meine Ungeduld akzeptieren. Möge ich freundlich mit meinem Ehrgeiz sein.* Die Autorin und Meditationslehrerin Christa Spannbauer empfiehlt, sich immer mal wieder folgende Fragen zu stellen: *Wonach sehnt sich mein Herz? Wohin möchte mein Weg mich führen? Was hindert mich daran, meiner Sehnsucht zu folgen?* Auch diese Fragen können das Tor zum Herzen öffnen. Wenn wir sie mit in eine stille Sitzrunde hineinnehmen, wirken sie in der Tiefe. Wir sind vielleicht überrascht, welche Antworten auftauchen.

Liebe auf den zweiten Blick – die größte Stärke in der größten Schwäche erkennen

Auch wenn wir nach und nach lernen, Frieden zu schließen mit ungeliebten Seiten und mit mehr Liebe auf sie zu schauen, und dabei Fortschritte machen, so kann doch immer wieder der Wunsch auftauchen, sie loszuwerden. Stabiler, gelassener, stärker, unempfindlicher. Durch regelmäßige Meditationspraxis mit unserer inneren Landschaft vertraut zu werden und die dunklen Ecken auszuleuchten, erscheint uns an manchen Tagen zu mühsam. Gibt es nicht eine schnellere Methode? Einen Trick, mit dem sich die Widrigkeiten auflösen lassen? Lieber wäre es uns, wir könnten unsere dunklen Ecken und wunden Punkte so gut verbergen, dass sie nicht auffallen und uns und anderen keinen Ärger machen. Wir würden sie gern so gut schützen, dass wir nicht mehr oder nur noch minimal verletzt werden und uns mit unseren Schwächen nicht mehr selbst im Weg stehen. Dieser Wunsch ist verständlich, doch er führt uns auf den Holzweg.

Wie wäre es, wenn wir uns um einhundertachtzig Grad drehen und die Sache aus einem ganz anderen Blickwinkel betrachten? Was wäre, wenn Ihre größte Schwäche in Wirklichkeit das Tor zu Ihrer größten Stärke ist? Wenn in dem, was Sie in Ihrem Leben am meisten verunsichert, verletzt oder gekränkt hat, der Samen liegt für Ihre ganz besondere Kompetenz, die Sie einzigartig macht? Klingt dieser Gedanke verrückt? Das ist er auch. Weil er die Perspektive ver-rückt und einen neuen, frischen Blick erlaubt auf Ihre Geschichte, auf Ihre schwierigen Ecken und auf das, was Sie vielleicht als Ihre »Baustellen« bezeichnen. Der Schweizer Psychologin und Zenmeisterin Anna Gamma verdanke ich eine Einsicht, die mich zutiefst inspiriert hat. Nicht in unseren strahlenden Seiten, sondern in dem, was wir als Schwäche betrachten und deshalb im Schatten lassen, liegt das Gold.

Sie ist überzeugt davon, dass in den größten Verletzungen gleichzeitig die größten Stärken verborgen liegen. Jeder Mensch hat wunde Punkte. Es müssen nicht immer große Verletzungen oder traumatische Ereignisse sein. Auch eine schwierige Familienkonstellation kann Wunden verursachen. Eine überstrenge Mutter, die nur Bestleistungen akzeptiert, ein krankes Geschwisterkind, das alle Fürsorge bindet, ständige Umzüge, eine einsame Kindheit ohne Freunde. Es gibt vieles, was unsere Entwicklung erschweren und behindern kann. In der Kindheit sind wir abhängig und können uns nicht wehren. Wir entwickeln Schutzstrategien, um mit Enttäuschungen, Mangel und schwierigen Situationen zurechtzukommen.

Das Paradoxe ist: Was uns in der Kindheit hilft, wird im Erwachsenenalter oft zum Hindernis. »Bis zum Alter von fünf Jahren haben wir den Himmel offen über uns. Wenn wir eine Abwehrstrategie aufbauen, verschließt sich der Himmel. Wir bauen uns ein Gefängnis und verbauen uns den Zugang zu unserem Wesenskern«, sagt Anna Gamma. Die Schutzstrategien, die irgendwann zur Falle werden, können zugleich dabei helfen, verborgene Stärken aufzuspüren. Diese Erkenntnis gewann die Zenmeisterin Anna Gamma durch schmerzhafte Selbsterforschung. In ihrer Familie nahm sie eine undankbare Position zwischen Mamas und Papas Liebling ein. Von außen betrachtet nichts Existenzielles, für ein kleines Mädchen, das sich nach Aufmerksamkeit sehnt, ein großes Drama.

Um sich die Aufmerksamkeit ihrer Eltern zu erkämpfen, strengte sie sich enorm an. »Ich habe eine Kampfstrategie entwickelt. Ich wollte immer in allem die Beste und die Schönste sein und habe ständig rivalisiert. Das war meine Überlebensstrategie, es war unglaublich anstrengend für mich und für andere«, erzählte sie mir in einem Interview. Nachdem sie ihre Dissertation abgegeben hatte, die hervorragend bewertet wurde, fiel sie in ein tiefes Loch. »Die Bestnote hat mir nicht gegeben, wonach ich mich eigentlich gesehnt habe. Da habe ich angefangen zu verstehen, dass kämpfen mir keine Erfüllung bringt.« Erst in ihrem Zusammenbruch erkannte sie, dass sie immer noch gefangen war in der Rolle des verletzten Mädchens, das sich vergeblich nach Anerkennung sehnte. Mit Anfang dreißig erkannte Anna Gamma, dass ihr Überlebensmuster sie zerstörte. »Ich war auf Kampf getrimmt. Wenn man ständig kämpft, ist man nicht liebenswürdig. Kampf zerstört Intimität.«

Meine eigenen Strategien, Anerkennung zu bekommen, waren Anpassung und Anstrengung. Ich dachte, wenn ich mich noch mehr anstrenge und die Erwartungen meiner Eltern noch besser erfülle, dann bekomme ich endlich, wonach ich mich sehne. Mit dem Anpassungs- und Anstrengungsmuster machte ich weiter, auch als ich schon längst ausgezogen war. Als ich eine eigene Familie gründete, lief das alte Muster wieder zur Hochform auf. Ich strengte mich an, meinem inneren Bild einer einfühlsamen, geduldigen, entspannten Mutter zu genügen, die ihr Kind im Blick hat und bestmöglich fördert. Gleichzeitig hatte ich den Anspruch, die Hälfte des Familieneinkommens zu verdienen, beruflich weiterzukommen, interessante Aufträge an Land zu ziehen. Und natürlich wollte ich fit und attraktiv bleiben, regelmäßig joggen und Yoga machen, heißen Sex haben, eine tolle Partnerin sein und spirituell weiterkommen. Bis ich in der Stille des Zen erkannte, dass ich mich über die Maßen erschöpft hatte in der Hoffnung, durch ständige Anstrengung auf allen Ebenen Erfüllung zu finden. Plötzlich wusste ich, dass ich auf diese Weise niemals bekommen würde, wonach ich mich sehnte, dass ich es geradezu verhinderte. Es klingt paradox: Zen half mir, nach und nach aus dem permanenten Modus der Anstrengung herauszukommen, obwohl das längere Sitzen auch anstrengend ist.

Ähnlich erging es auch Anna Gamma, die den Zen-Weg bis zur Meisterschaft vollendet hat. Ihre Zenlehrerin Pia Gyger ermunterte sie, ganz neu und anders auf ihre kindliche Enttäuschung zu schauen. »In unserer Verletzung und im Schatten ist unsere größte Begabung eingemauert.«

Unsere Schwächen sind Tore zur Kraft.

Selbstreflexion

- Gibt es Verhaltensweisen, die Ihre Beziehungen zu wichtigen Menschen erschweren und die sich immer wieder wiederholen?
- Gibt es eine Beziehungskonstellation (beruflich oder privat oder beides), die sich wiederholt und Sie in körperliche, emotionale und geistige Anspannung bringt und Schmerzen verursacht?
- Welche Überlebensstrategie haben Sie als Kind entwickelt, um mit dem, was für Sie am schwierigsten war, zurechtzukommen?
- Wie fühlt sich diese Strategie heute an?
- In welchen Situationen erstarren Sie innerlich und verlieren den Zugang zu Ihrer Kompetenz?
- Welches Potenzial liegt in Ihrer größten Verletzung? Wie können Sie dieses Potenzial noch mehr entwickeln?

Diese Fragen haben es in sich. Es lohnt sich, sie immer mal wieder auf sich wirken zu lassen. Nehmen Sie sich Zeit, den

Antworten nachzuspüren. Vor allem bei der letzten Frage, »Welches Potenzial liegt in Ihrer größten Verletzung?«, ist es hilfreich, sich mit guten Freundinnen auszutauschen und sie um eine Einschätzung zu bitten. Bei unserem größten Potenzial haben wir meist einen blinden Fleck. Wir sind entweder so damit verbunden, dass es uns zu selbstverständlich erscheint, um darin etwas Besonderes zu erkennen, und wir es deshalb nicht weiter beachten. Oder es ist so eingemauert in unsere vermeintliche Schwäche, dass wir Ausgrabungshilfe brauchen von Freundinnen, die beherzt nach der Schaufel greifen und sagen: »Guck mal, was ich Schönes entdeckt habe.«

Heute kann ich sehen, dass meine Sensibilität, die ich lange als Schwäche empfunden habe und die ich auf Teufel komm raus loswerden wollte, eine meiner größten Stärken ist. Meine Mutter hatte immer wieder depressive Phasen. Als Kind musste ich sehr feine Antennen entwickeln, um ihre Stimmung zu erspüren, um auszuloten, was möglich war, und um überhaupt irgendeine Form von Resonanz zu bekommen. In meiner Familie galt ich als notorisch »überempfindlich«. »Sei nicht so empfindlich. Stell dich nicht so an. Das bildest du dir ein.« Diese Sätze verunsicherten mich und vermittelten mir den Eindruck, dass etwas mit mir nicht stimmte. Ich hätte alles für einen Trick gegeben, cool und unempfindlich zu werden.

Auf dem Zenweg entpuppte sich meine vermeintliche Schwäche als große Stärke. In Vieraugengesprächen habe ich zahlreiche Seminarteilnehmerinnen und Teilnehmer in ihrer Meditationspraxis unterstützt. Anfangs war ich überrascht, dass ich sehr gut erspüren konnte, wo die Blockaden meines Gegenübers sind. Ich konnte spüren, wenn zu viel Druck auf dem Ausatem lag, wenn der Brustraum wie eingeschnürt war, der Atem stockte oder jemand seinen Körper nicht spüren konnte. Wir alle verfügen über diese Fähigkeit. Durch die Spiegelneuronen können wir uns in unser Gegenüber einfühlen, Körperempfindungen, den energetischen Zustand, Schmerzen, Gefühle wahrnehmen. Doch diese Kompetenz braucht Übung, und offensichtlich hatte ich sie unbewusst entwickelt, ursprünglich aus einer kindlichen Not heraus. Und endlich erwies sich diese Fähigkeit als kostbar. Mir wurde bewusst, dass ich einen Schatz mit mir herumtrage, den ich nutzen und mit dem ich anderen helfen kann. Alles, was wir fühlen, wirkt sich unmittelbar körperlich aus. Was die Neurowissenschaften inzwischen eindrucksvoll durch bildgebende Verfahren nachweisen können, war mir intuitiv schon lange klar gewesen, weil ich es am eigenen Körper erfahren hatte. In meiner Herkunftsfamilie konnte niemand etwas damit anfangen. Gefühle waren suspekt, und für Körperempfindungen interessierte man sich Anfang der Sechzigerjahre in der Welt, in der ich aufgewachsen bin, nicht. So lernte ich eine sehr lange Zeit, meine Kompetenz abzuwerten und als Schwäche zu begreifen. Weil Zen eine zutiefst körperliche Praxis ist, kam mir mein intuitives Wissen zugute. In der vermeintlichen Schwäche entdeckte ich eine meiner größten Stärken und das Tor zu einer großen Kraft.

Die Suche nach der Kernkompetenz in der Kernverletzung erlaubt einen ganz anderen, hoffnungsvollen Blick auf Wunden und seelische Verknotungen. Jeder Mensch verfügt über Selbstheilungskräfte und versucht auf seine Art, mit dem Schwierigen fertigzuwerden. Der Ansatz, die größte Schwäche als Tor zur größten Kraft zu erkennen, ist eine besondere Facette von Resilienz, die bisher wenig beleuchtet wurde. Er ermöglicht einen neuen Blick auf das, was schwierig und vermeintlich schwächend war, um daraus Stärke zu ziehen.

Aus Zenperspektive ist ein Leben ohne Probleme und Hindernisse weder realistisch noch erstrebenswert. Schwierige, traumatische Erfahrungen betrachten wir in unserem heutigen Verständnis meist ausschließlich als Hindernis für unseren Lebensweg. Zen betrachtet sie jedoch als Weckruf, uns tiefen Fragen zu stellen und nach dem Sinn unseres Lebens zu fragen. So werden sie zum Ausgangspunkt für die spirituelle Suche und können, wie die Zenmeisterin Doris Zölls schreibt, »zum Sprungbrett in ein neues Bewusstsein werden«. Zu mancher Kraft gelangen wir erst dadurch, dass wir auf schwierige Situationen eine Antwort finden müssen.

Doch es geht bei diesem Ansatz nicht darum, Schwächen mal eben umzudeuten in Stärken und eins, zwei, drei zu verwandeln. So einfach ist es nicht. Wenn wir verletzt sind, körperlich oder emotional, sehnen wir uns nach Zuwendung und brauchen Mitgefühl und Heilung. Im Laufe der Zeit kann sich der Blick verändern. Zen ist ein guter Weg, aus der Last schwieriger Erfahrungen und alter Verletzungen eine nährende Wegzehrung zu machen. Wir alle geraten immer wieder in Situationen, in denen wir uns als Opfer fühlen. Hinter den Verhaltensmustern, die uns regelmäßig in dieselbe Falle locken, versteckt sich meist eine Verletzung. »Heilung geschieht, wenn wir den Schmerz und die Wut von damals spüren und ausdrücken dürfen und überprüfen, wo wir heute stehen«, sagt Anna Gamma. Wie wird der alte Schmerz getriggert? In unserer Mitte und damit in unserer Kraft sind wir dann, wenn wir flexible, erwachsene Antworten geben auf die Welt, wie sie sich uns zeigt, und nicht in alten Mustern gefangen bleiben. Nur dann kann aus unserer größten Schwäche unsere größte Stärke werden. »Wenn wir aus einer spirituellen Perspektive auf unser Leben schauen, können wir uns selbst und anderen verzeihen. Wenn wir in der

Opferposition verharren, bleiben wir immer gebunden an die alte Verletzung und sind nicht frei. Doch wir wollen frei und lebendig sein.« Zazen kann diesen Prozess unterstützen und beschleunigen. Zazen verbindet uns mit dem inneren Raum der Leere, der Freiheit, des ursprunglosen Ursprungs. Es gibt viele Worte dafür. Doch, wie es im Zen heißt: »Der Finger, der zum Mond zeigt, ist nicht der Mond.« Worte können die Erfahrung nicht beschreiben.

Somewhere over the rainbow – der Sehnsucht folgen und mutig nach vorne gehen

Wenn Ihnen die berühmte Frage gestellt wird: »Wo sehen Sie sich in fünf oder zehn Jahren?« Was passiert dann bei Ihnen? Könnte man Sie mitten in der Nacht wecken, und Sie würden, ohne zu zögern, klipp und klar antworten? Haben Sie ein klares Bild, weil Sie regelmäßig mit einer Zielcollage aus Bildern, Stichworten und Affirmationen Ihre Zukunft entwerfen? Oder gehören Sie wie ich zu der Spezies Frau, die mit der Frage: »Wo sehen Sie sich in fünf Jahren?« immer schon völlig überfordert war? Weil diese Frage in mir einen totalen Blackout provozierte, hatte ich den Verdacht, dass mir etwas Wichtiges fehlte: Die Begabung zum großen Wurf, das brennende Vorhaben, etwas Neues in die Welt zu bringen. Eine kristallklare Vision für mein privates und berufliches Leben und meinen Platz in der Welt, der ich folge und die ich Schritt für Schritt entschlossen umsetze, wie uns das eine Heerschar von Coaches empfiehlt. Weil wir uns auf diese Weise garantiert das Leben erschaffen, von dem wir träumen.

Ich habe mir Pläne und Ziele verordnet, weil ich auf diese Frage eine Antwort parat haben wollte, und mich redlich daran abgemüht. An Zielen und Plänen ist nichts falsch. Wir brauchen sie als Richtschnur. Es gibt nur einen Haken: Das Leben schert sich nicht um unsere Pläne. Es folgt seiner eigenen Bewegung. Zen ist ein Weg, in Harmonie zu kommen mit dieser Bewegung und das Leben von innen heraus zu leben. In der Übung des Zazen lassen wir alles Wollen und

Planen für eine Weile ruhen und versenken uns ganz in diesen Moment jetzt. In der Stille kommen wir in Kontakt mit unserer Wesensnatur, wie es im Zen heißt. Spüren, was wesentlich ist. Und im Zen üben wir jeden Tag, im Kontakt mit dem Wesentlichen zu bleiben, wenn wir unseren Meditationsplatz verlassen. Die Übung ist nicht beendet, wenn der Timer erklingt. Sie geht weiter. Natürlich verstricken wir uns immer wieder und vergessen, was jetzt gerade wesentlich ist. Aber das macht nichts. Wir haben jederzeit die Chance, für einen Moment anzuhalten und uns wieder zu verbinden.

Meinen ersten Zenlehrer traf ich, weil ich einen Interviewpartner suchte zum alle Jahre im Januar wiederkehrenden Thema »Veränderungen umsetzen, dieses Jahr aber wirklich«. Ich dachte, ein Zenmeister könnte dazu vielleicht etwas beisteuern, was ich nicht schon hundertmal gelesen hatte. Etwas, was über die Empfehlungen von Motivationstrainer:innen und Verhaltenstherapeut:innen hinausging. Eine meiner Fragen lautete sinngemäß: »Und wenn man gar nicht genau weiß, was man verändern will? Wenn man nur eine vage Unzufriedenheit spürt und kein klares Ziel hat?« »Das ist doch wunderbar«, war seine Antwort. »Jeden, der mit einem diffusen Veränderungswunsch kommt, beglückwünsche ich. Denn er ist schon sehr weit. Je mehr ich das Diffuse aushalte, desto mehr erfahre ich, was das Wesentliche ist. Jeder, der unzufrieden ist, sollte das unbedingt ernst nehmen und die Unzufriedenheit in Sehnsucht verwandeln. Denn hinter jedem Veränderungswunsch steht die Sehnsucht zu wachsen.«

Ich brauchte eine Weile, um ihm folgen zu können. Innerlich überlegte ich fieberhaft, wie ich seine Sätze zeitschriftenkompatibel übersetzen könnte. Schließlich erwartete die

Redaktion handfeste Tipps, wie es dieses Jahr mit den Neujahrsvorhaben klappt. Mit meiner Idee, einen Zenmeister zu interviewen, wollte ich mich zwar vom Mainstream wegbewegen, aber insgeheim hatte ich wohl doch eine Technik erwartet, wie wir mit Zen-Power schnell ans Ziel kommen. Stattdessen stellte er meine Frage auf den Kopf und antwortete aus einer ganz anderen Perspektive.

Diese Sichtweise, die mir mittlerweile sehr vertraut ist, war für mich damals völlig neu. Die Unklarheit und Unzufriedenheit nicht zu bekämpfen, sondern sie gewissermaßen zu umarmen und in Sehnsucht zu verwandeln. Nicht äußeren Zielen folgen, sondern die innere Suche ernst nehmen und das innere Grummeln wahrnehmen, aushalten, dass die Richtung noch nicht klar ist, geduldig warten, bis sich der Nebel verzieht. Genau dafür schafft Zen Raum.

In der Zenmeditation üben wir jeden Tag neu, zu erkennen, was jetzt wichtig und wesentlich ist. Das kann heute etwas anderes sein als gestern. Wenn Ziele nicht aus dem Herzen kommen, wenn wir nicht in der Tiefe mit ihnen verbunden sind, sondern nur etwas hinterherjagen, was wir einmal für uns festgelegt haben, sind wir vielleicht erfolgreich, aber gleichzeitig unzufrieden. Wenn wir das Ziel erreicht haben, stellt sich der erhoffte Effekt nicht ein. Wir spüren, dass es doch nicht das war, worum es uns eigentlich ging, und bleiben innerlich leer.

Die Praxis des Zazen kann uns davor bewahren, mit Vollgas in die falsche Richtung zu fahren. Wir justieren erst mal in Ruhe unser Navigationssystem und stehen erst dann auf und gehen den nächsten Schritt. Deshalb lade ich in meinen Coachings diejenigen, die dafür offen sind, ein, für einen Moment gemeinsam in die Stille zu gehen und zu spüren, welche inneren Impulse sich melden. Oft taucht durch diese kleine Phase des Anhaltens und Verlangsamens aus einer tieferen Etage ein ganz anderer Veränderungswunsch auf als der, der zuerst genannt wurde. Er mogelt sich am Verstand vorbei. Es geht nicht darum, sich ständig zu fragen, »Was will ich?«. Eher darum, nach innen zu lauschen, was sich entfalten möchte.

Auch meditatives Schreiben kann ein wunderbarer Zugang sein zu den Veränderungswünschen, die von Herzen kommen. Mir hat Schreiben immer schon geholfen, zu erkunden, was mich wirklich bewegt, und Worte dafür zu finden. Schreibend konnte ich mir über vieles klar werden, was sich zunächst diffus anfühlte. Im Prozess des Aufschreibens bekam das Diffuse auf überraschende Weise Konturen. Als besonders kraftvoll erlebe ich die Verbindung von Meditation und Schreiben.

Übung: Meditatives Schreiben

- Legen Sie sich einen Block oder ein Heft und einen Stift bereit. Setzen Sie sich entspannt hin. Das geht auch auf dem Sofa oder einem Stuhl. Schließen Sie, wenn Sie mögen, die Augen. Spüren Sie Ihre Fußsohlen auf dem Boden, das Gesäß auf dem Stuhl. Scannen Sie mit der Aufmerksamkeit großflächig Ihren Körper. Verweilen Sie so lange, bis Sie das Gefühl haben, präsent zu sein.
- Wenn Sie so weit sind, nehmen Sie Block und Stift und stellen sich Ihren Timer auf 10 Minuten. Schreiben Sie spontan 10 Minuten zur Frage »Was möchte sich in meinem Leben entfalten?«. Denken Sie nicht nach, schreiben Sie intuitiv einfach drauflos. Setzen Sie den Stift möglichst nicht ab. Lassen Sie Ihre Hand einfach weiter-

schreiben. Erlauben Sie sich, dass alles, was auftaucht, hingeschrieben werden darf ohne Rücksicht auf Grammatik, Wortwahl und Sinn. Keine Korrekturen, keine Zensur, keine Unterbrechung. Wie beim Zazen. Geben Sie sich ganz dem Schreiben hin, bis der Timer erklingt.

Nehmen Sie sich einen Moment Zeit, das, was nun dasteht, auf sich wirken zu lassen. Versuchen Sie, nichts zu bewerten. Lassen Sie sich einfach berühren von dem, was Sie lesen. Registrieren Sie, was Sie überrascht und erstaunt.

An Meditationstagen baue ich immer wieder kleine Schreibimpulse aus der Stille ein. Die Teilnehmer:innen empfinden das Schreiben mit der Hand zunächst als ungewohnt und dann oft als befreiend: »Ich war wie im Schreibrausch.« »Es hat gutgetan, meinen Gedanken freien Lauf zu lassen.« »In mir hat sich ganz viel geklärt.« »Ich bin total überrascht, worauf ich beim Schreiben gestoßen bin.« Solche Kommentare höre ich immer wieder. Diese Übung, nonstop unzensiert über Gedanken, Gefühle und Assoziationen zu schreiben, ohne auf Rechtschreibung und Zeichensetzung zu achten, wurde von surrealistischen Schriftstellern entwickelt und nennt sich *écriture automatique*, automatisches Schreiben. Ich verbinde sie mit Meditation und nenne sie daher meditatives Schreiben. Wie in der Zenmeditation tauchen wir bei dieser Schreibübung ein in einen größeren Raum, in dem wir alle Wertungen, Begrenzungen, Vorstellungen, Einmischungen für einen Moment loslassen und uns öffnen für das, was gerade geschieht.

Die Frage: »Was möchte sich gerade in meinem Leben entfalten?« können wir immer wieder wirken lassen. Sie bringt uns davon weg, unser Leben kontrollieren zu wollen, und in

Kontakt mit der schöpferischen Kraft, die in uns wirkt und der wir in unserem vollgepackten Alltag oft zu wenig Platz geben. Mit einer Ziele-Liste wäre ich niemals da angekommen, wo ich jetzt bin. Weil vieles von dem, was ich heute mache und was mich mit großer Freude erfüllt, auf meiner Landkarte gar nicht existierte. Ich hätte es mir nicht ausdenken können. Dafür ist der Verstand viel zu begrenzt. Die Form, in der ich heute arbeite, hat sich von innen heraus entfaltet. Und ich bin dieser Bewegung gefolgt. Das war nicht leicht. Anfangs hatte ich große Angst, nicht mehr ernst genommen zu werden, wenn ich mich mit meiner spirituellen Seite zeige. Mit fortschreitender Zenübung wurde ich mutiger. Ich hatte keinen Zweifel mehr, dass das Sitzen in Stille heilt und stärkt und genau das ist, was uns in unserem überaktiven Leben fehlt. Der Zeitgeist gab mir Rückenwind. Meditation ist längst im Mainstream angekommen und Gegenstand zahlreicher Forschungen. Das half mir, mich mehr damit zu zeigen. Coachingkund:innen kamen mit dem Wunsch, eine Übung zu lernen, die ihnen hilft, zur Ruhe zu kommen. Das Thema Zentrierung und Sehnsucht nach Stille bekam wie von selbst mehr Raum. Ich erhielt andere Anfragen, arbeitete als Meditationstrainerin mit im ReSource-Projekt, einer weltweit einzigartigen Studie am Max-Planck-Institut für Neuro- und Kognitionswissenschaften in Leipzig zum mentalen Training mit westlichen und fernöstlichen Methoden der Geistesschulung. Die Probanden trainierten mit einem breiten Spektrum an Meditationen unter anderem Aufmerksamkeit, Körperwahrnehmung, Emotionsregulation, Selbstfürsorge, Empathie und Mitgefühl. In der Zusammenarbeit mit den Wissenschaftlern, Psychologinnen und Meditationslehrern habe ich viel gelernt. Diese Zeit war für mich sehr fruchtbar.

Natürlich geschehen die Dinge nicht einfach von selbst. Ich habe einiges dafür unternommen. Aber indem ich meiner Sehnsucht nach Stille und Frieden gefolgt bin, hat sich mein Leben neu ausgerichtet. Wenn wir uns selbst verändern, verändern wir damit auch unsere Welt, heißt es im Zen. Auf die Frage: »Wo sehen Sie sich in zehn Jahren?«, hätte ich auf keinen Fall geantwortet: »Ich verbinde Coaching, Schreiben und Meditation.« Diese Verbindung konnte erst in dem Maße entstehen, in dem sich in der Stille die Puzzleteile meines Lebens neu zusammensetzten. Und das Leben antwortet darauf.

Nun können Sie natürlich einwenden. »Die hat leicht reden. Sie ist Freiberuflerin, da lässt sich so einiges miteinander verbinden.« Ich begleite auch Frauen in Führungspositionen in Unternehmen und Organisationen, die knallhart auf den Umsatz schauen und sich wenig dafür interessieren, ob ihre Führungskräfte inneren Frieden finden und ihrem Herzen folgen. Doch eine Führungsfrau, die wirklich ihrem Herzen folgt und mit ihrer schöpferischen Kraft verbunden ist, kann ein ansteckendes Charisma entwickeln. Plötzlich sind Dinge möglich, die vorher undenkbar schienen. Neue Arbeitszeitmodelle, Job-Sharing-Varianten, Sabbatical-Möglichkeiten, ein Meditationskurs im Unternehmen, vielleicht sogar mit einem Meditationsraum. Meine Erfahrung: Der Mut, der eigenen Sehnsucht zu folgen, wird belohnt. Dafür gibt es natürlich keine Garantie, aber ich erlebe es so oft, dass ich inzwischen darauf vertraue und auch meine Coachingkund:innen unterstütze, darauf zu vertrauen.

Großreinemachen – heilsame Strukturen und Verbindungen schaffen

Wenn wir unserer Sehnsucht und dem, was sich in unserem Leben entfalten möchte, folgen wollen, brauchen wir einen offenen, unverstellten Raum. Ist unser Alltag zugemüllt mit tausend Aktivitäten, geht die leise Stimme der Sehnsucht unter. Damit wir überhaupt die Chance bekommen, sie zu hören, sind immer wieder Reinigungs- und Aufräumaktionen notwendig. Ähnlich wie in der Küche. Wenn wir nicht regelmäßig den Müll runterbringen, stolpern wir irgendwann darüber. Auch der To-do-Müll, die Termine, die 10 000 Dinge, die sich im Kopf ansammeln und sich in Form von Papieren, Büchern und Rechnungen auf dem Schreibtisch stapeln, können unseren inneren Raum so verstopfen, dass wir nur noch im Erledigungsmodus durch den Tag hetzen und unser übergeordnetes Ziel aus den Augen verlieren. Zen lehrt uns, dass äußere und innere Form untrennbar zusammengehören und eine heilsame äußere Form es uns ermöglicht, in Verbindung zu bleiben mit dem, was uns wirklich am Herzen liegt.

Auf einem Zen-Retreat ist alles geordnet. Die Schuhe im Vorraum stehen ordentlich im Regal. Die Meditationsmatten liegen in geraden Reihen. Die Übenden laufen nicht im Zickzack durch den Raum, sondern gehen am Mattenrand entlang zu ihrem Platz. Getränke sind in der Meditationshalle verboten. Persönliche Gegenstände bleiben auf dem Zimmer. Das Blumengesteck hat seinen festen Platz. Die Matten werden immer wieder glatt gestrichen, die Bänkchen, Kissen und Decken in Ordnung gebracht. Die Meditationsrunden beginnen und enden pünktlich und folgen einem klaren Rhythmus, der sich täglich wiederholt. Jeder hat eine feste Aufgabe: Den Vorraum wischen, in der Küche Gemüse schneiden, die Spülmaschine ausräumen, die Blumen arrangieren. Was sich anfangs etwas zwanghaft und streng anfühlt und Widerstand produziert, entpuppt sich im Laufe einer Meditationswoche als sehr unterstützend. Die äußere Klarheit fördert die innere Klarheit. Wie befreiend, sich keine Gedanken um die Kleidung machen zu müssen und einfach in den Meditationsanzug zu schlüpfen. Wie entlastend, nicht wählen zu müssen, wo ich mich hinsetze, weil mein Platz die ganze Woche derselbe bleibt. Nicht nachdenken zu müssen, was ich als Nächstes tun werde. Wie schön, mich um nichts kümmern zu müssen und mich ganz der Übung widmen zu können. Es bedeutet natürlich auch, für eine gewisse Zeit Vorlieben und Abneigungen fallen zu lassen und mich in einen Ablauf hineinzugeben, den ich nicht selbst bestimmt habe, um dann zu entdecken, dass es sich anfühlen kann wie Urlaub von mir selbst. Denn das ist es, was uns ein Gefühl von tiefer Regeneration beschert. Wenn wir für eine Weile nicht gefangen sind in unserem selbst gezimmerten Gefängnis aus Gewohnheiten, Überzeugungen und automatischen Reaktionsmustern.

Natürlich wollen und können wir zu Hause nicht wie in einem Retreat leben. Wir müssen überlegen, was wir anziehen und was heute ansteht. Einkaufen und Essen kochen erledigen sich nicht von allein, genauso wenig wie die Arbeit im Büro. Die Kinder und der Partner wollen Aufmerksamkeit und haben ihren eigenen Rhythmus, der nicht unbedingt mit unserem kompatibel ist. Der weibliche Rhythmus ist eher zyklisch und nicht linear. Es tut uns gut, wenn wir uns erlauben, auch kraftlosere und schwächere Tage zu haben. Danach kommt die Energie zurück, und wir können wieder durchstarten und das nachholen, was an anderen Tagen nicht möglich war.

Ein wenig Zen-Spirit, ein gewisser Retreat-Charakter täte unserem Alltag gut. Zen lehrt uns, unser Leben in einer gewissen Form zu leben. Ein Teil der Form ist die regelmäßige Meditation. Aber es geht um mehr. So wie wir in einer Meditationswoche oder bei einem Meditationswochenende auf alles Überflüssige verzichten, damit wir uns voll und ganz auf die Übung konzentrieren können, sollten wir auch darauf achten, wie wir unseren Alltag von überflüssigen Aktivitäten, Ablenkungen und Störungen befreien können, um uns auf das zu konzentrieren, was uns wichtig ist. Der stärkste Hebel, den ich durch Zen entdeckt habe, ist eine gerichtete Konzentration. Unabgelenktes, dynamisches und gleichzeitig entspanntes Tun.

Mir hilft, wenn ich mir das, was ich als die wesentliche und wichtigste Aufgabe des Tages betrachte, auf den Vormittag lege, weil ich mich dann am besten konzentrieren kann. In dieser Zeit schotte ich mich ähnlich wie beim Sitzen auf der Matte ab und widme mich nur dieser einen Sache. Natürlich mit Pausen, aber möglichst ohne Ablenkungen. Das heißt, ich checke in diesem Zeitblock möglichst keine Mails und gehe nicht ans Telefon. Die Betonung liegt auf möglichst, denn immer wieder scheitere ich daran und kann es nicht lassen, mich schnell noch mal abzulenken. Doch dann gilt es, wie in der Übung des Zazen, mich nicht zu ärgern, sondern einfach wieder zurückzukehren zu meiner Aufgabe.

Ein Großteil der »Arbeit« besteht darin, unseren »Affengeist« zu zähmen. So wird unser Geist bezeichnet, der ständig hin und her springt und nach neuen Reizen giert. Die moderne Forschung spricht vom *wandernden Geist*. Zahlreiche Untersuchungen zeigen, dass der spontan wandernde Geist sich messbar negativ auf die Stabilität unseres geistigen Arbeitsspeichers auswirkt. Und er schwächt auch unsere geistige Autonomie, unsere Fähigkeit, »Herrin im eigenen Haus« zu sein, wie es im Zen heißt. Wären wir Herrin im eigenen Haus, was laut Freud gar nicht möglich ist, weil das Unbewusste nicht ins Bewusstsein dringt, könnten wir frei entscheiden, worauf wir unsere Gedanken richten. Doch genau das gelingt uns nicht. Kein Wunder, dass wir uns verzetteln und die Dinge nur selten zu Ende bringen. Doch unerledigte, nicht abgeschlossene Dinge spuken uns länger im Kopf herum als erledigte. Der chaotische Keller, die halbfertige Steuererklärung oder ein ungelöster Konflikt mit der Kollegin führen in uns ein Eigenleben und verlangen im unpassenden Moment nach Aufmerksamkeit. In diesem Dilemma stecken wir täglich. Was also tun?

Dieses Buch ist kein Zeitmanagement-Buch. Zu diesem Thema gibt es hervorragende Bücher und Anregungen. Doch viele wirklich gute Zeitmanagement-Tools bleiben nahezu unwirksam, solange uns der wandernde Geist nicht bewusst ist. Wir können Zeit nicht managen, nur Prioritäten. Doch wie können wir unsere Prioritäten erkennen, wenn wir innerlich nicht klar ausgerichtet sind? Wie wollen wir uns auf das Wesentliche konzentrieren, wenn wir nicht wissen, worin das Wesentliche besteht? Aus Zenperspektive ist es deshalb essenziell, dass wir uns ausreichend Zeit nehmen, unsere innere Orientierung jeden Tag zu schärfen. Der Sinn der morgendlichen Meditation ist nicht, im Geiste eine To-do-Liste aufzusetzen und in Ruhe über den vor uns liegenden Tag nachzudenken. In der Übung des Zazen geht es darum, alle inneren Aktivitäten möglichst ruhen zu lassen. Doch es spricht nichts dagegen, nach der Meditation aufzuschreiben, was heute wichtig ist. Denn oft entsteht von allein eine innere Klarheit, ein untrügliches Gespür für das, was jetzt dran ist. Die folgenden Empfehlungen verdanke ich dem Bestseller von David Allen »Wie ich die Dinge geregelt kriege«. Ich habe sie leicht abgewandelt.

Übung: Prioritäten setzen

- Listen Sie zu Beginn jeder Woche »die großen Brocken« auf, die Sie aus dem Weg schaffen möchten, und reservieren Sie sich im Kalender als Erstes Zeit für die großen Brocken. Erstellen Sie jeden Tag eine Liste mit maximal drei der wichtigsten Aufgaben für den Tag. Beginnen Sie möglichst früh damit und erledigen Sie sie konsequent.
- Die wichtigen Aufgaben sind die, auf die Sie am Ende des Tages stolz zurückblicken können und die Ihnen das Gefühl verleihen, etwas erreicht zu haben.
- Planen Sie anfangs nicht mehr als vier bis sechs »große Brocken« pro Woche ein. Kleinere Aufgaben können Sie anschließend um die »großen Brocken« herum platzieren.
- Bringen Sie die großen Brocken in Ihrem Wochenplan in Blöcken von einer oder zwei Stunden unter, möglichst zu einer Zeit, in der Ihr Energielevel hoch ist. Für manche ist das der frühe Morgen, andere laufen eher am Nachmittag zur Hochform auf.
- Entscheiden Sie jeden Morgen, welche wichtigen Aufgaben Sie heute erledigen wollen. Reservieren Sie sich gleich am Morgen Zeit dafür. Fangen Sie mit der wichtigsten Aufgabe des Tages an, noch bevor Sie Ihre Mails checken. Entscheiden Sie sich bewusst dafür, an dieser

Aufgabe zu arbeiten, bis sie erledigt ist oder bis eine Zeitspanne, die Sie selbst festlegen, abgelaufen ist (z. B. 30 Minuten).
- Schalten Sie in dieser Zeit Ihr Mobiltelefon ab, schließen Sie Ihr E-Mail-Programm. Stellen Sie sich einen Timer oder konzentrieren Sie sich so lange wie möglich auf Ihre Aufgabe.
- Belohnen Sie sich mit einer kleinen Pause am offenen Fenster, mit ein paar Stretching-Übungen oder einem Tee. Oder machen Sie einen kleinen Spaziergang. Gehen Sie dann an die zweitwichtigste Aufgabe.

Was hat das alles mit Zen zu tun? Indem wir unserem Arbeitstag einen Rhythmus geben und uns immer wieder Inseln von störungsfreier Konzentration auf eine Sache schaffen, geben wir uns eine äußere Form, die uns hilft, innerlich Kurs zu halten auf das, was uns wirklich wichtig ist. Zen-Spirit im Arbeitsalltag bedeutet auch, Pausen festzulegen. Ich stelle immer wieder fest, wie gut es mir tut, dass bei einer Meditationswoche die Zeiten klar geregelt sind. Natürlich brauchen wir in unserem komplexen Berufsalltag mehr Flexibilität. Und dennoch ist eine klare Pausenstruktur sehr hilfreich.

Die Yogalehrerin und Autorin Anna Trökes erzählte in einem Interview, dass sie in den vielen Jahren ihrer Selbstständigkeit gelernt hat, ihren Tag von den Pausen her zu planen. Zweimal am Tag geht sie mit ihrem Hund spazieren. Ihre Arbeitsblöcke gruppiert sie um diese Zeiten herum. Die Spaziergänge sind gesetzt, so vergisst sie nie, Pausen zu machen. Viele Coachingkund:innen berichten mir, dass sie, wenn sie ehrlich sind, gar keine richtigen Pausen einplanen, sondern zwischendurch in ein Brötchen beißen und von sich mehr oder weniger erwarten durchzuarbeiten. Wie wäre es, wenn Sie sich bei Ihrer Tages- und Wochenplanung nicht zuerst an dem orientieren, was Sie alles zu tun haben, sondern Ihren Tag und Ihre Woche von den Pausen her denken? Welcher Arbeitsrhythmus ergibt sich dann?

Zen lehrt Energieökonomie. Für Frauen, die daran gewöhnt sind, sich für alle anderen zu verausgaben und zu springen, sobald jemand in ihrem nahen Umfeld ein Problem bekommt, ist dieses Prinzip besonders wichtig. Energieökonomie bedeutet: Wie kann ich das, was mir wichtig ist, möglichst effektiv und entspannt erreichen?

Übung: Die Kunst des Weglassens

- Prüfen Sie Ihre Aufgaben- und Prioritätenliste und streichen Sie alles, was nicht wirklich essenziell ist.
- Streichen Sie alle Aufgaben, die Sie delegieren können, wenn jemand anderes sie genauso gut oder gar besser erledigen kann.
- Streichen Sie alles, was nicht wirklich wichtig ist für Ihre übergeordneten Ziele.
- Reduzieren Sie Ihre Verpflichtungen. Bei wie vielen Projekten sind Sie involviert, wofür haben Sie sich breitschlagen lassen? Gibt es Zusagen, die Sie zurückziehen können, ohne Schaden anzurichten?

Die meisten dieser Empfehlungen sind wahrscheinlich nicht neu für Sie. Doch die Frage lautet: Befolgen Sie sie tatsächlich? Und wenn ja, aus welcher inneren Haltung heraus?

Meine Erfahrung: In Verbindung mit einer beständigen Zenpraxis entfalten diese wertvollen Anregungen, regelmäßig umgesetzt, eine tiefere Wirkung. Es sind dann keine Tools mehr, sie werden zu einem Lebensstil, der sich zunehmend an dem ausrichtet, was für uns und andere wesentlich und heilsam ist. »Entwickle das Heilsame und meide das Unheilsame«, heißt es im Zen. Diese Empfehlung geht auf Buddha zurück. Wir sollten uns regelmäßig die Zeit nehmen zu prüfen, was für uns jetzt wesentlich ist, uns stärkt und uns guttut. Denn was für uns im vergangenen Jahr wesentlich war, hat in diesem Jahr seine zentrale Bedeutung vielleicht verloren. Das gilt auch für unsere Beziehungen. Mit welchen Menschen wir uns umgeben und wie wir den Kontakt gestalten, beeinflusst unser Wohlbefinden.

Selbstreflexion

- Fühlen Sie sich nach der Begegnung angeregt, zufrieden, erfrischt?
- Kann sich Ihr Gegenüber mit Ihnen gemeinsam freuen, wenn Ihnen etwas gelungen oder etwas Schönes widerfahren ist?
- Ist Raum für Ihre Anliegen und Bedürfnisse?
- Fühlen Sie sich respektiert und wertgeschätzt?
- Ist es möglich, Irritationen anzusprechen und Konflikte konstruktiv auszutragen?
- Oder fühlen Sie sich nach der Begegnung ausgelaugt, energielos, unzufrieden?
- Reagiert Ihr Gegenüber mit neidischen oder abwertenden Kommentaren, wenn Ihnen etwas gelungen oder etwas Schönes widerfahren ist?
- Dreht sich fast alles um die andere Person und für Sie bleibt nur wenig Raum übrig?
- Fühlen Sie sich häufiger abgewertet und kritisiert?

- Reagiert Ihr Gegenüber gereizt, wenn Sie mal einen kritischen Punkt ansprechen, und geht sofort zum Gegenangriff über?

Zur Empfehlung, das Heilsame zu entwickeln und das Unheilsame zu meiden, gehört auch, dass wir unsere Beziehungen daraufhin überprüfen, ob sie heilsam wirken und uns stärken. Ich habe früher viel Energie verloren in Kontakten, in denen bei Lichte betrachtet kein Platz für mich und meine Anliegen war oder in denen ich abgewertet wurde. Zen hat mir geholfen, die Ungleichgewichte zu erkennen und meine Bedürfnisse genauso ernst zu nehmen wie die der anderen. Ich habe gelernt, nicht nur mitfühlend mit den schwierigen Ecken von anderen zu sein, sondern auch mitfühlend mit mir selbst und meinen Grenzen und Empfindlichkeiten. Dadurch hat sich vieles neu sortiert. Die folgende Meditation und Übung hilft Ihnen, einen Überblick zu bekommen über das, was Sie auf verschiedenen Ebenen stärkt und nährt. Der Baum ist ein wunderbares Symbol für Kraft, Flexibilität und heilsame Verbundenheit.

Meditation: Mein Lebensbaum

Setzen Sie sich aufrecht und entspannt hin. Stellen Sie sich vor Ihrem inneren Auge einen Baum vor. Es kann Ihr Lieblingsbaum sein, vielleicht taucht auch spontan das Bild eines anderen Baumes auf. Nehmen Sie das Baum-Bild in sich auf. Spüren Sie, wie Sie fest verwurzelt sind und getragen von der Erde und von ihr genährt werden. Ihre Wurzeln reichen bis tief in die Erde hinab. Ihr Stamm ist stabil und aufrecht und ragt majestätisch in die Höhe. Tauchen Sie immer tiefer ein in das Bild des Baumes. Sie sind so tief verwurzelt, dass Sie ohne Mühe 30 bis 40 Meter in die Höhe ragen können. Ihre Äste sind weit ausladend. Spüren Sie auch die Verbindung mit dem Himmel, die Weite über Ihnen und das Licht, das von oben einfällt und Sie nährt. Sie bekommen mehr Kraft und können weiter in die Höhe wachsen. Sie haben Kraft, um Blüten für den Baum vorzubereiten. Genießen Sie eine Weile, wie gut es sich anfühlt, einfach nur zu sitzen wie ein Baum.

Übung: Den Lebensbaum gestalten

Legen Sie sich einen großen Bogen Papier, am besten einen Flipchartbogen bereit, Wachsmalstifte und einen dicken Marker. Malen Sie den Baum, der in der Meditation aufgetaucht ist, so gut es Ihnen möglich ist. Es kommt nicht darauf an, besonders schön zu malen. Hauptsache, Sie nutzen den ganzen Bogen. Füllen Sie Ihren Baum mit Leben, indem Sie folgende Fragen wirken lassen und die Antworten in Ihren Baum schreiben an die Stelle, wo sie hingehören.
Wurzeln: *Woher bekommen Sie Lebenskraft und Nahrung? Worin fühlen Sie sich verankert?*
Stamm und Rinde: *Was verleiht Ihrem Leben Stabilität?*
Knospen, Blätter, Blüten und Früchte: *Welche Zweige, Blätter, Blüten und Früchte möchten Sie in Ihrem Leben entfalten? Welche Qualitäten möchten Sie nähren? Welches Vorhaben soll gedeihen? Welche Lebenssituation sich mehr entfalten?*
Sie können sich auf eine Qualität, ein Vorhaben konzentrieren oder einen bunten vielfältigen Baum gestalten.
Abgefallene Blätter: *Was hat an Bedeutung verloren oder tut Ihnen nicht mehr gut?*

如意
美

Ab durch die Mitte – dynamisch und beherzt handeln

Wenn Sie sich zumindest mit einigen der bisherigen Selbstreflexions-Übungen auseinandergesetzt haben und es Ihnen gelingt, einigermaßen regelmäßig in Stille zu sitzen, ist vielleicht schon etwas mehr innere Klarheit entstanden. Jetzt geht es darum, aus dieser Klarheit heraus zu handeln. Entschlossen, mutig, beherzt. Mir hat Zen geholfen, aus langen, fruchtlosen inneren Gedankenschleifen herauszukommen und einfach zu tun, was ansteht, ohne das ewige Hin und Her. Einfach machen. Mich trauen, etwas zu wagen. Aus einer Zusammenarbeit aussteigen, zu einer Anfrage Nein sagen, einer Freundin sagen, dass mich etwas verletzt hat, einen Raum anmieten und eine Zen-Übungsgruppe anbieten, auf die Frage, ob ich einen Vortrag halten kann, ohne zu zögern mit Ja antworten. Obwohl dies das Letzte war, was ich vorhatte. Ich hatte nach einem Weg gesucht, zur Ruhe zu kommen, Stille zu finden. Den fand ich auch, und gleichzeitig kam ich auf für mich wundersame Weise in die Gänge. Denn zur Ruhe kommen, anhalten, still werden ist nur ein Teil der Praxis, ein äußerst wichtiger, aber es ist nicht alles. Ruhe und Zentrierung sind nur die Hälfte des Weges. Der mittlerweile verstorbene japanische Zenmeister Oi Sadan Roshi antwortete auf die Frage, »Was ist Zen?«: »Action, Action, Action.«

Irgendwann auf einem Sesshin dämmerte mir, dass es nicht darum gehen kann, Sammlung, Frieden, Liebe und Heiterkeit auf dem Meditationskissen zu erfahren, darin zu schwelgen, um anschließend mit dem gleichen Wahnsinn fortzufahren, nur etwas entspannter und gelegentlich mit einem Lächeln im Gesicht. Das konnte es nicht sein. Zen lehrt eine andere Qualität von Tun. Zen endet nicht auf der Meditationsmatte. Wir nehmen die Kraft und Sammlung, die in der Meditation entsteht, mit in die nächste Bewegung. Im Zen wird das immer wieder geübt. Sitzen, aufstehen, gehen. Wieder sitzen. Anwesend bleiben, präsent bleiben, wach bleiben, im Moment bleiben. Weiter den Kontakt mit der Kraftmitte (Hara) spüren. Die Verbindung von Stille und Dynamik immer wieder aufs Neue trainieren. Und diese Übung hört nicht auf. Anfangs fand ich es nervig, stets dasselbe zu wiederholen. Ich war fixiert darauf, etwas Neues zu lernen, und hatte keine Lust auf öde Wiederholung. Aber irgendwann verstand ich, dass es darum geht, die Übung so zu verinnerlichen, dass wir nicht mehr aus ihr herausfallen. Im Alltag die Übung fortzusetzen ist die wahre Zazen-Haltung. Formelle Meditationspraxis, Büroarbeit, Haushalt, Freizeitvergnügungen sind eins. Alles geschieht aus der gleichen Haltung heraus.

Meine Erfahrung: Wenn wir die Dinge, die zu tun sind, aus einer inneren Sammlung und Klarheit heraus erledigen, ohne uns dabei zu sehr in Gedanken zu verstricken, verschwinden Anstrengung und Widerstand. Plötzlich macht es Spaß oder fühlt sich zumindest gar nicht so anstrengend oder schwierig an wie vorher im Kopf befürchtet. Mark Twain hat es wunderbar auf den Punkt gebracht: »Ich habe in meinem Leben schon unzählige Katastrophen durchlebt. Die meisten sind nie eingetreten.« Handeln wir wirklich kraftvoll und konzentriert, wird das, was sich vorher im Kopf zu einem unüberwindlichen Berg aufgetürmt hat, zu einem gut begehbaren Hügel. Im traditionellen Zen spricht man von positivem *Samadhi*, Versenkung im Tun. Eins sein mit dem, was wir gerade tun. Ein Moment, der sich gefühlt ewig ausdehnt und in dem wir erleben, dass wir uns lösen können von Verstrickungen, Sorgen, Bedenken und einfach handeln aus einer Kraft heraus, die wir nicht benennen können, die über uns hinausgeht. Mein Lehrer Jeff Shore drückt es so aus: »Gib alles von dir. Gib dich ganz hinein in das, was du tust, bis niemand mehr da ist.«

Bei Tätigkeiten, die wir ohnehin lieben, fällt es uns leicht, in eine Erfahrung von Flow zu kommen. Wir tun selbstvergessen etwas, was uns Freude macht, und plötzlich ist es dunkel, wir haben es gar nicht gemerkt und spielen immer noch Gitarre oder tanzen oder arbeiten an einem Text oder einem Konzept. Wir sind aus der Zeit gefallen. Die Frage von Lust oder Unlust, Energie oder Nicht-Energie hat sich für eine kostbare Weile nicht gestellt, weil Energie im Überfluss da war. Es sind die unnützen Gedanken, Bedenken und Sorgen, die uns Kraft kosten, nicht das Tun selbst.

Selbstreflexion

- In welcher Situation haben Sie das letzte Mal die Zeit vollkommen vergessen?
- In welchen Tätigkeiten gehen Sie ganz auf?
- Unter welchen Umständen geschehen die Dinge mühelos und harmonisch?
- Was erfüllt Sie mit Freude und Leichtigkeit?
- Passiert es Ihnen manchmal, dass sich ein Problem wie von selbst löst oder Ihnen eine Lösung zufällt? Was sind das für Momente?
- Wann handeln Sie einfach, ohne zu zögern?

Ein Ziel von Zen ist Natürlichkeit. Alles Künstliche weglassen, spontan und natürlich handeln aus dem Moment heraus. Dafür müssen wir eine Menge antrainierter Gewohnheiten verlernen. Die Mönche und Nonnen in einem traditionellen Zenkloster bekommen kein sanftes Flow-Training, sie bekommen ein hartes Gewohnheits-Entzugs-Training und werden regelrecht gescheucht. Der Tagesablauf ist so straff, dass sie keine Zeit haben, über irgendetwas nachzudenken, weil schon wieder die Glocke ertönt und es Zeit ist für Gehmeditation, Gemüse schneiden, putzen oder für die nächste Runde Zazen. In den kurzen Pausen müssen sie sich entscheiden, ob sie schnell auf die Toilette laufen oder einen Schluck Wasser trinken, weil beides gleichzeitig unmöglich ist. Alles muss schnell gehen, zack, zack. Auch für das Essen bleibt nicht viel Zeit. Wenn der Wecker frühmorgens klingelt, heißt es: aufspringen, eine Jacke überwerfen, in die Meditationshalle rennen, den Platz einnehmen, bereit sein für die erste Runde Zazen. Kaum haben sie das Zimmer des Meisters betreten und ihre Antwort auf ein *Koan*, eine Frage, eine Art Rätsel, das mit dem Verstand nicht zu lösen ist, präsentiert, fliegen sie auch schon wieder hochkant hinaus. Im Dauerlauf geht es zurück in die Meditationshalle. Mir erscheinen diese Strenge und das Turbotempo überzogen. Aber beides hat einen tieferen Sinn. Es geht darum, in einen Zustand von Nicht-Denken zu kommen und im Augenblick zu bleiben und daraus zu handeln. Kein Gedanke an das, was war. Kein Gedanke an das, was kommt. Nur dieser Moment jetzt.

Während des nicht enden wollenden Pandemie-Lockdowns haben viele unfreiwillig die Erfahrung eines beinahe klösterlichen Lebens gemacht und landeten, weil sämtliche Wege in die Zukunft versperrt waren, mit Karacho in der Gegenwart. »Ich habe aufgehört zu planen. Ich schaue von Tag zu Tag, was geht und was nicht. Ich konzentriere mich nur noch auf das, was im Moment anliegt. Alles andere funktioniert nicht. Damit fahre ich am besten.« Solche Sätze habe ich im Coaching und in Gesprächen mit Freundinnen oft gehört. Aus diesen Sätzen klang eine gewisse Verzweiflung, aber auch eine wertvolle Einsicht. Das Leben geschieht jetzt. Wir können es nicht kontrollieren. Wir kennen den nächsten Moment nicht. Wir bilden uns nur ein, ihn zu kennen. Aber tatsächlich haben wir keine Ahnung, was als Nächstes passiert.

Lange haben wir in einer Illusion von Kontrolle gelebt, die spätestens durch Corona aufgeflogen ist. Das Ende dieser Illusion ist schmerzhaft und gleichzeitig befreiend. Nicht so viele Optionen zu haben, auch wenn das sehr einschränkt, kann tatsächlich hilfreich sein, sich nicht in ewigen inneren Abwägungsschleifen zu erschöpfen. In einem Kloster reduzieren sich die Mönche und Nonnen freiwillig, beschränken sich auf das Notwendigste, unterwerfen sich einem Rhythmus, der ihnen keine Wahlmöglichkeiten lässt. Als während des Lockdowns die Restaurants, Kinos, Konzertsäle, Theater und Geschäfte geschlossen waren und eine gewisse Klösterlichkeit den Alltag bestimmte, registrierte ich irgendwann, dass auch Stress von mir abfiel. Es bedeutete Befreiung, nicht ständig unter unzähligen Möglichkeiten auswählen zu können und zu müssen. Ich möchte nichts beschönigen. Wie alle sehnte auch ich mich nach mehr Freiheit, mehr Gestaltungs- und Entscheidungsspielraum. Und gleichzeitig liegt in der Beschränkung auch eine Chance. Die Chance, alles Unwesentliche wegzulassen.

Teil 3

WIRKSAM IN DER WELT HANDELN

Haben Sie genug davon, sich von anderen vorschreiben zu lassen, was Sie tun oder lassen sollen, um erfolgreich und erfüllt zu sein? Spüren Sie in sich den Wunsch, freier und radikaler zu werden? Möchten Sie Ihren Beitrag leisten, ohne sich zu verbiegen? In diesem Kapitel finden Sie Anregungen, wie Sie Ihrer inneren Weisheit folgen und die Schätze, die Sie mithilfe der Meditationspraxis entdecken, furchtlos in die Welt tragen.

Misstraue Gurus – die innere Meisterin entdecken und ihr folgen

Wenn wir Zazen üben, begegnen wir uns selbst. Anfangs fragen wir uns vielleicht: Wie kann ich mit Meditation zur Ruhe kommen? Wie schaffe ich es, besser mit Stress umzugehen? Wie werde ich gelassener? Irgendwann kommen wir an Grenzen. Wir begegnen alten Schmerzen, drehen uns im Kreis, denken immer wieder dieselben Gedanken, haben das Gefühl, nicht von der Stelle zu kommen. Und gleichzeitig spüren wir eine Sehnsucht nach Klarheit und Freiheit. In der Stille des Sitzens tauchen plötzlich tiefere Fragen auf: Was ist der Sinn dieses Lebens? Warum bin ich auf der Welt? Was ist Leben? Was ist Tod? Wenn wir allein nicht weiterkommen, kann das Gespräch mit einem Lehrer, einer Lehrerin, einem Meister, einer Meisterin wichtig sein. Für die existenziellen Fragen, die in der Meditation auftauchen können, brauchen wir jemanden an unserer Seite, der auf dem Weg, der niemals endet, schon ein gutes Stück vorangegangen ist. Doch zwischen Meisterschaft und Gurutum liegt ein himmelweiter Unterschied. Meistern, die sich als allwissende Gurus inszenieren, sollten wir misstrauen. Mich beeindrucken vor allem diejenigen Meisterinnen und Meister, die sich weder zu klein noch zu groß machen und selbstverständlich zu ihrer wahren Größe stehen. Die eine starke, klare Ausrichtung haben und die genau dadurch wirken.

Die Begegnung mit einer Meisterin oder einem Meister kann zutiefst erschüttern und unerwartet etwas zum Schmelzen bringen, das lange eingefroren war. Diese Erfahrung habe ich mehrfach gemacht und bin dafür zutiefst dankbar.

In den ersten Begegnungen mit meinem ersten Lehrer fühlte ich mich sofort erkannt in all meiner Sehnsucht, meiner Verzweiflung und gleichzeitig in meinen Stärken. Ich fühlte mich gesehen in meinem tiefsten Wesen, das ich selbst gar nicht kannte. Es war nur ein Blick, in dem sich all das spiegelte. Und dieser Blick war eine Initialzündung. Es gab kein Zurück mehr.

Begegnungen mit Meisterinnen und Meistern überraschen stets und laufen vollkommen anders ab als vielleicht vorher im Kopf ausgemalt. Als ich einmal den japanischen Meister meines ersten Lehrers zu einem kurzen Vieraugengespräch treffen konnte, war ich extrem nervös, konnte in der Nacht zuvor kaum schlafen und hatte furchtbare Angst, mich zu blamieren. Was, wenn ihm auffällt, dass ich in der Meditation immer wieder abschweife und manchmal weit entfernt bin von tiefer Versenkung? Was, wenn er findet, dass ich doch nicht geeignet bin für die Meditationslehrerinnenausbildung? Was, wenn er mich zurechtweist? Von wegen tiefe Ruhe und Gelassenheit, mein Kopf und mein Herz spielten verrückt. Dann fasste ich mir ein Herz und sprach über meine Zweifel, die mich trotz beglückender Erfahrungen von Stille und Freude in der Meditation immer wieder quälten. Er saß eine Weile still und fragte dann: »Wo ist dein Zweifel jetzt?« Er war wie weggefegt. Es gab überhaupt keinen Zweifel mehr in mir. Alles war von mir abgefallen. Alle quälenden Fragen hatten sich aufgelöst in seiner ruhigen, unerschütterlichen Präsenz. Er streckte mir die Hand entgegen für ein High Five. Und wir schlugen beide ein und brachen in lautes Gelächter aus. In diesem Moment entstand plötzlich eine Kraft in mir. Ich bekomme heute noch Gänsehaut, wenn ich daran denke.

In solchen Begegnungen sind Erfahrungen möglich, die Sekunden vorher noch undenkbar waren und Grenzen verrücken oder vollkommen sprengen können. Aber es muss nicht immer spektakulär sein. Manchmal geht es auch einfach darum, wieder auf dem Teppich zu landen. Nach einem Wochenende mit der koreanischen Zenmeisterin Gu Ja wurden alle Teilnehmer zu einem kurzen Abschlussgespräch gebeten. »Wir haben jetzt drei Tage gemeinsam verbracht. Was hast du erreicht?« Ich wollte eine Antwort im Zenstil geben, sagte nichts und lächelte sie an. Doch so leicht ließ sie mich nicht davonkommen. »Okay«, sagte sie, »du antwortest mit Stille. Sag es in Worten!« Mir wurde heiß. Ich druckste herum, sagte, es sei so schwer in Worte zu fassen, redete mich scheinbar um Kopf und Kragen. Sie erwiderte: »Wir sitzen hier und reden. Ist das nicht genug?« Alle Spannung, etwas Geistreiches sagen zu wollen, der Druck, vor ihr glänzen zu müssen, fielen von mir ab. Dies ist auch eine wichtige Aufgabe von Zenmeisterinnen und -meistern: Ihr Gegenüber aus den Endlosschleifen des diskursiven Verstandes herauszuholen mit einem Schrei, einer provokativen Bemerkung oder einem lässig hingeworfenen Satz, der mit einem Schlag alle Kompliziertheit durchschneidet. Und plötzlich ist alles einfach und klar.

Was in der Tiefe passiert, ist jenseits von Worten und sollte nicht zerredet werden. Solche Begegnungen sind kostbar. Doch es lauern auch Gefahren. Die Beziehung zwischen Schüler:in und Meister:in führt auf unbekanntes Terrain und hat ihre eigenen Gesetzmäßigkeiten. Vollkommenes Vertrauen und bedingungslose Hingabe prägen diese Beziehung. Deshalb müssen wir auch genau hinschauen, wem wir unser Vertrauen und unsere Hingabe schenken. Die meisten Lehrer, die auch medial wahrgenommen werden, sind nach wie vor Männer. Weibliche Ausnahmen bestätigen die Regel. In der Beziehung zwischen Lehrer und Schülerin werden leicht konventionelle Muster befeuert. Hier der große Lehrer, dort die kleine Schülerin, die sich durch Eifer, Anpassung, Anstrengung und selbstloses Dienen Anerkennung erarbeiten möchte. Ich habe Frauen kennengelernt, die durch den Weg mit einem Lehrer einerseits auf beeindruckende Weise in ihrer Stärke erblühten und gleichzeitig ihren kritischen Geist unterdrückt und sich dadurch kleingemacht haben. Ich selbst bin in diese Falle getappt. Natürlich geht es auf dem spirituellen Weg darum, das enge Konzept namens »Ich« loszulassen und darüber hinauszugehen. Dafür ist es notwendig, feste Vorstellungen, wie etwas sein sollte, und sämtliche Konzepte, wie ein Lehrer sich verhalten sollte, aufzugeben. Es ist nicht der Job von Lehrern, einem das Leben leicht zu machen. Zenmeisterinnen und -meister lieben die Provokation und können auch mal scharf und laut werden. Aber wo hört kraftvolle Hingabe auf? Wo fängt ungesunde Selbstaufgabe an? Wie weit soll Vertrauen gehen? Wann beginnen die unheilsame Idealisierung von Autoritäten und die Aufgabe von Eigenverantwortung und Eigensinn? Ich bin weit davon entfernt, auf diese Fragen mit einem Rezept antworten zu können. Wir brauchen auf dem Meditationsweg einen Lehrer oder eine Lehrerin, doch wir dürfen uns nicht auf Dauer von ihnen abhängig machen. Nach und nach geht es darum, die innere Lehrerin kennenzulernen und ihr zu vertrauen. Wir brauchen hilfreiche Impulse, Belehrungen und sogenannte Kraftübertragungen, bei denen genau genommen nichts übertragen wird, sondern wir die Kraft, die immer schon vorhanden war und zu der wir den Zugang verloren haben, wieder spüren lernen. Transformation ist auch in einem Coaching möglich, wenn Coach:in und Klient:in gemeinsam einen starken Fokus entwickeln und ein Muster, das lange eingefahren war, aufbricht und die aufgestaute Energie plötzlich zur Verfügung steht, um einen wichtigen Schritt zu gehen. Ein Coaching ist dann gelungen, wenn die Klientin mithilfe der äußeren Beraterin ihren inneren Coach kennenlernt. Ganz ähnlich wie auf dem Meditationsweg. Durch regelmäßige Meditationspraxis zu Hause und idealerweise auch in einer Gruppe können wir unsere Erfahrungen vertiefen, und die innere Lehrerin wird nach und nach stärker. Daran ist nichts Mystisches. Es geht nicht darum, Stimmen zu hören oder eine Gestalt zu sehen, sondern darum, der eigenen Lebenserfahrung zu vertrauen, zu erleben, wie die Meditation wirkt und das Leben sich von innen heraus verändert. Es ist wichtig, der inneren Stimme Raum zu geben und auf das Bauchgefühl zu hören. Ein Grummeln in der Magengegend, ein sich verkrampfender Bauch warnt uns vor Gefahren. Wenn das Herz hüpft, wissen wir, dass wir auf einem freudvollen Weg sind. Je deutlicher wir diese Signale wahrnehmen, ihnen lauschen und vertrauen, desto näher kommen wir unserer inneren Weisheit. Wenn wir dieser Weisheit vertrauen, gelangen wir zu unserer wahren Stärke und geraten nicht so leicht in Abhängigkeiten. Dieser Punkt erscheint mir wichtig, wenn Frauen sich sehr intensiv der Zenpraxis widmen und den Lehrer oder die Lehrerin und die Gemeinschaft der Übenden unterstützen wollen mit Zeit, Hingabe und Geld. Aus eigener Erfahrung weiß ich, dass es schwierig werden kann, ein gesundes Maß zu finden. Die Freude, endlich einen Zugang zur Stille gefunden zu haben, die Begeisterung für die Praxis, die tiefe Dankbarkeit, die gegenüber dem Lehrer, der Lehrerin unweigerlich entsteht, kann auch dazu verführen, sich zu verausgaben. Die Erfahrungen, die durch Initiation (die »Einweihung« in eine Übung) in der Meditation möglich werden, sind so kostbar, dass sie nicht in Geld aufzuwiegen sind. Dadurch kann je nach eigener Prägung ein großer Druck entstehen, möglichst viel zurückzugeben. Ich selbst habe phasenweise meine eigenen Interessen vernachlässigt und meine Grenzen überschritten, Retreats gebucht, die ich mir eigentlich nicht leisten konnte, mich über die Maßen ehrenamtlich engagiert, Freundschaften, meinen Umsatz als Freiberuflerin und auch mein Bedürfnis, mich zu erholen, vernachlässigt.

Wie konnte das passieren? Für Außenstehende, die keine Erfahrung haben mit hierarchischen Gruppen, klingt das vermutlich rätselhaft. Lange fiel mir gar nicht auf, dass ich mich verausgabte, weil ich mich gleichzeitig getragen und genährt fühlte durch die Meditationspraxis und ich ja alles für einen guten Zweck tat. Und natürlich fühlt es sich auch gut an, verantwortungsvolle Aufgaben in einer Organisation zu übernehmen. Die Crux ist nur, dass dadurch das Ego, das eigentlich in den Hintergrund treten sollte, auf verführerische Weise genährt und gefüttert wird. Niemand hat mich zu irgendetwas gezwungen. Ich habe mich aus freien Stücken engagiert. Doch in vielen Gemeinschaften entsteht auch ein kollektiver subtiler Druck, immer mehr zu investieren an Zeit, Energie und Geld, vor allem wenn Personen finanziert, Immobilien gepflegt und unterhalten werden müssen. Das sehe ich inzwischen kritisch. Es entsteht eine Art Blase, in der merkwürdige Gesetze und Strukturen gelten, die nach und nach als selbstverständlich hingenommen werden. Die Strukturen selbst werden nie infrage gestellt, nur die Menschen, die sich darin bewegen. Wer mit der Struktur nicht klarkommt, ist spirituell noch nicht weit genug und muss an sich arbeiten.

Die promovierte Psychologin und Tibetologin Miriam Anders hat zehn Jahre lang in Nepal Buddhismus studiert und wundert sich über den unkritischen Umgang mit Meistern und Gurus in Europa. Seit August 2018 forscht sie über Gesundheit und Stress in buddhistischen Gruppen in Deutschland. Viele, so Anders, beginnen mit einem hohen

Idealismus und verlieren im Laufe der Zeit ihre eigenen Ziele aus den Augen, mit denen sie ursprünglich begonnen haben, und identifizieren sich zunehmend mit den Gruppenzielen oder der Führungsfigur. Wenn das Gleichgewicht zwischen Geben und Nehmen nicht mehr stimmt, wenn Frauen ihre eigenen Ziele, Interessen und ihren beruflichen Erfolg vernachlässigen, um sich voll in eine spirituelle Gemeinschaft einzubringen und den Lehrer zu unterstützen, seien dies ernst zu nehmende Warnsignale. Ein Problem sieht sie darin, dass westliche Meditationszentren häufig Führungsstrukturen aus Asien unreflektiert übernehmen. Mitglieder, die kritische Fragen stellen, werden belächelt, isoliert, gelten dann als »schwierig« oder werden sogar als psychisch krank stigmatisiert. In manchen spirituellen Gruppen entstehe so ein Tabu, den Meister in seinem Handeln zu hinterfragen. Miriam Anders rät Betroffenen, sich Vertraute außerhalb der Gruppe zu suchen und auf Warnsignale frühzeitig zu reagieren. Hierarchische Gemeinschaften sind Gift für viele Frauen, weil sie die alten Strukturen von männlicher Dominanz und weiblicher Unterwerfung bedienen. Ich gehöre inzwischen einer internationalen Gemeinschaft *(Sangha)* an ohne hierarchische Strukturen. Natürlich ermuntert mich mein Lehrer, mich hingebungsvoll meiner Meditationspraxis zu widmen. Das ist seine Aufgabe. Darüber hinaus gibt es keinerlei Druck.

Mir persönlich ist es wichtig, einen Lehrer zu haben, der aus der *Rinzai*-Tradition kommt und Zen kompromisslos und authentisch vermittelt. Um die heilsame Wirkung von Meditation zu entdecken, ist es heute aber nicht mehr notwendig, sich einer traditionellen Schulung zu unterziehen. Mit einer Mischung aus Bewunderung und Staunen beobachte ich, dass immer mehr junge Frauen sich nicht mehr um Ausbildungen, Traditionen und Autorisierungen durch männliche

Autoritäten scheren und sich einfach selbst zu spirituellen Lehrerinnen oder Coaches ernennen. Sie warten nicht darauf, berufen zu werden. Sie berufen sich selbst. Mir gefällt ihr Mut und ihre Unerschrockenheit, einfach nach vorne zu gehen und zu sagen: *Hier bin ich. Schließ dich mir an. Das ist mein Angebot*. Mir missfällt daran, dass manche so tun, als hätten sie alles selbst erfunden, und sich mit fremden Federn schmücken. Ich selbst befinde mich irgendwo dazwischen. Ich fühle mich der Tradition verbunden und suche gleichzeitig einen Weg jenseits von hierarchischen und autoritären Strukturen. Einen Weg, auf dem ich immer mehr dem unerschütterlichen Raum in mir, meiner Herzweisheit und dem Leben vertraue. Denn kein Meister kann dieses Leben für uns leben. Wir müssen Antworten finden auf die Fragen, die das Leben uns täglich stellt. Je besser wir unsere innere Meisterin kennen, desto leichter fällt es uns, gute Antworten zu geben.

Meditation: Begegnung mit Ihrer inneren Weisheit
Setzen Sie sich wieder aufrecht und entspannt hin. Nehmen Sie sich ein paar Minuten Zeit, im Körper anzukommen. Spüren Sie den Kontakt mit der Unterlage. Wandern Sie mit Ihrer Aufmerksamkeit durch den Körper und lassen Sie sich ganz ankommen. Nehmen Sie wahr, wie der Atem kommt und geht.
Stellen Sie sich vor, dass Sie an einem besonderen Ort sind. Vielleicht ein schöner, kraftvoller Platz in der Natur oder ein Ort oder Raum, wo Sie sich besonders wohlfühlen. Wie fühlt es sich im Körper an, wenn Sie an diesem besonderen Ort sind? Genießen Sie es für ein paar Atemzüge, an diesem Ort zu sein. Stellen Sie sich nun vor, dass Sie einem Wesen begegnen. Einem Wesen, das für Sie Liebe, Mitgefühl und Weisheit ver-

körpert. Es kann ein Mensch sein, den Sie gut kennen, vom dem Sie sich angenommen fühlen und der Ihre Schönheit erkennt. Vielleicht ein Mentor, eine gute Freundin oder Lehrerin. Es kann auch ein nicht menschliches Wesen oder ein Tier sein. Wichtig ist, dass Sie diesem Wesen vertrauen und es Mitgefühl, Liebe und Weisheit verkörpert. Stellen Sie sich vor, diesem Menschen oder Wesen zu begegnen. Fühlen Sie seine Wertschätzung, sein Wohlwollen, seine Weisheit. Stellen Sie sich vor, dieses Wesen sitzt nun vor Ihnen und Sie blicken in seine warmen, mitfühlenden Augen. Sie fühlen sich willkommen, so wie Sie sind. Wenn dieses Wesen sprechen würde, was würde es zu Ihnen sagen? Vielleicht etwas, was Sie sich schon lange gewünscht haben, einmal zu hören. Erlauben Sie sich, das Mitgefühl und die Weisheit, die von diesem Wesen ausgehen, in sich aufzunehmen. Wenn Sie das Gefühl haben, dass es genug ist, verabschieden Sie sich von dem Wesen. Bleiben Sie noch einen Moment sitzen und lassen Sie die Begegnung sacken.
(Diese Meditation wurde vom Meditationslehrerteam im ReSource-Projekt entwickelt.)

Falls Ihnen die Imaginationen schwergefallen sein sollten, macht das nichts. Manche Frauen sind sehr empfänglich für innere Bilder, andere nehmen eher atmosphärisch wahr oder spüren die Wirkung im Körper, haben Gedankenblitze oder hören innerlich einen Satz oder mehrere. Es geht in dieser Meditation nicht um irgendein exotisches Wesen. Es kommt darauf an, dem Teil in Ihnen zu begegnen, der weise und mitfühlend ist. Denn wer oder was auch immer Ihnen begegnet, egal in welcher Form, ist ein Teil von Ihnen. Ein Teil, der über mehr Wissen verfügt als Ihr alltäglicher Verstand, ein Teil, der vielleicht schon länger darauf wartet, endlich mal gesehen und gehört zu werden.

Übung: Meditatives Schreiben

Stellen Sie sich einen Timer auf 10 Minuten. Schreiben Sie sich einen Brief aus der Perspektive des weisen, mitfühlenden Wesens, dem Sie vielleicht in der Meditation begegnet sind. Wenn kein Wesen aufgetaucht ist, macht das nichts. Sie können diese kleine Schreibübung trotzdem machen. Versuchen Sie, mit mitfühlenden, weisen Augen auf sich zu schauen und sich etwas Ermutigendes zu schreiben. Denken Sie nicht nach. Schreiben Sie einfach drauflos nach dem Prinzip: Erster Gedanke, bester Gedanke. Setzen Sie den Stift nicht ab. Lassen Sie Ihre Hand einfach weiterschreiben.

Schluss mit Copy-and-paste – die ureigene Erfolgsstrategie entdecken

Um herauszufinden, worin Ihre ureigene Erfolgsstrategie besteht und was Sie brauchen, um kraftvoll zu tun, was Ihnen am Herzen liegt, kann es sehr hilfreich sein, Ihre »innere Lehrerin« regelmäßig zu befragen. Den Teil von Ihnen, der Sie kennt, der weise ist, den Überblick behält und in Kontakt ist mit dem großen Ganzen. Wenn Ihnen die vorgeschlagene Meditation »Begegnung mit Ihrer inneren Weisheit« nicht zusagt, setzen Sie sich vielleicht ab und zu hin und schreiben sich einen Brief aus der Perspektive eines weisen Wesens. Oder stellen Sie sich vor, Sie stehen am Ende eines erfüllten Lebens und geben Ihrem jüngeren Ich einen wichtigen Rat, worauf es jetzt ankommt, um erfolgreich und erfüllt zu sein.

Mir hilft der Kontakt mit meinem weisen Anteil immer wieder, vor allem in chaotischen oder unangenehmen Situationen. Ich wünschte, ich hätte diese Möglichkeit schon früher entdeckt. Aber dieser Satz ist vollkommen unzennig, denn die Dinge sind, wie sie sind. Es kommt darauf an, was wir jetzt in diesem Moment damit machen. Ich habe mich zu lange von äußeren Vorstellungen und Idealen, was Erfolg bedeutet, leiten und unter Druck setzen lassen. Den größten Teil meines Erwachsenenlebens war ich auf der Suche nach einem weiblichen Modell von Erfolg. Diese Suche fing früh an. In gewisser Weise war meine Mutter eine starke Frau. Sie absolvierte als Einzige von vier Mädchen eine Berufsausbildung und stieg nach zehnjähriger Familienpause wieder als Lehrerin in Teilzeit ein. Auf dem Land war das revolutionär, entsprechend fielen die Kommentare im erweiterten Familienkreis aus. Doch es gab auch eine andere Seite. Immer wieder durchlebte sie depressive Phasen, in denen sie niedergeschlagen, schwach und teilnahmslos war. Sich in eine Psychotherapie zu begeben, war in ihrem Umfeld damals undenkbar. So blieb das Leiden stumm und wurde immer größer. Das hat mich geprägt. Die Doppelbotschaft, die sie mir vermittelte, indem ich sie sehr stark und sehr schwach zugleich erlebte, spornte mich an, nach der weiblichen Kraft zu suchen. Erst wurde sie zum Motor für politisches Engagement, dann für den spirituellen Weg und schließlich für die Synthese aus beidem: Engagiertes Handeln aus innerer Kraft.

Im Studium konvertierte ich vom Katholizismus zum Feminismus. Vom Aufbegehren gegen patriarchale Strukturen und männliche Privilegien versprach ich mir mehr Freiheit und Zugang zu meiner Kraft. Wir demonstrierten gegen den Paragrafen 218, veranstalteten Hearings gegen sexuelle Übergriffe an der Uni und fühlten uns dabei stark und verwegen. Meine Magisterarbeit schrieb ich über Feminismus und Marxismus. Später moderierte ich 15 Jahre lang ein frauenpolitisches Magazin im Radio. Wir berichteten über Frauen, die den Männern den Kampf angesagt hatten, in ihren Heimatländern Revolutionen anzettelten, Frauenhäuser aufbauten, neue Kunstformen erfanden, sich in Männerberufen behaupteten. Es war eine tolle Zeit. Ich lernte viele interessante, starke Frauen kennen. Gleichzeitig bekam der Starke-Frauen-Mythos erste Risse. Ist eine starke Frau eine, die eine große Kinderschar und ein Heer managt? Eine, die an der Spitze eines DAX-Konzernes mit harten Bandagen kämpft und den Jungs sagt, wo es langgeht? Mir kamen Zweifel. Viele Frauen, die als stark gefeiert wurden, was lange Zeit bedeutete, die männlichen Erfolgsstrategien nicht nur zu kopieren, sondern zu übertreffen, zahlten einen hohen Preis für die Überanpassung an männliche Gesetze und verloren den Kontakt zu sich selbst und ihrer Weiblichkeit. Supertoughe, männlich angepasste Frauen in Unternehmen haben beeindruckende Karrieren hingelegt und gleichzeitig vielen anderen Frauen den Aufstieg verbaut, die dieses Schema nicht bedienen wollten.

Der Feminismus hat uns Errungenschaften beschert, für die ich zutiefst dankbar bin und hinter die ich nicht mehr zurück möchte. Meine Tochter muss keinen Mann mehr wegen irgendetwas um Erlaubnis fragen. Sie hat die Chance, ihr eigenes Leben zu leben, das zu lernen und zu tun, was ihr entspricht, und zu lieben, wen sie will. Das ist großartig. Doch es gibt auch eine Kehrseite: Wir sind in einem Kampfmodus gelandet, in dem wir uns abgeschnitten haben von unserer weiblichen Kraft, die nach anderen Gesetzen funktioniert als das männliche Prinzip.

Viele Frauen spüren, dass dieser Modus sie erschöpft und sie äußerlich erfolgreich aussehen, innerlich aber nicht erfüllt sind. Dass sie über Ansehen und Macht verfügen, dafür aber Dinge tun müssen, die sie nicht wollen. Dass sie das Gefühl nicht loswerden, ständig eine Business-Maske tragen zu müssen, um dahinter ihr wahres Ich zu verstecken. Junge Frauen in Führungspositionen haben keine Lust mehr auf »Corporate Bullshit« und wollen sich nicht mehr verbiegen. Nachdem Frauen sich in die Arbeitswelt gekämpft haben, kämpfen sie sich jetzt wieder heraus und definieren Arbeit und Erfolg neu. Die jungen Feministinnen setzen weniger auf Kampf und mehr auf Kreativität, Humor, entspanntes Herausfordern.

Es braucht einen neuen Weg, Strukturen zu verändern. Die Antwort kann nur Kooperation sein und nicht Kampf. Und dieser Weg führt von innen nach außen. Für diese Erkenntnis habe ich viele Jahre gebraucht. Lange wurde ich selbst als starke Frau wahrgenommen. Mir wurde eine Menge zugetraut,

Menschen schütteten mir ihr Herz aus, weil sie das Gefühl hatten, ich könne das alles halten. Doch in mir selbst fühlte ich mich oft unsicher, verletzlich, schwach und wusste nicht, wohin mit meiner zarten, sensiblen Seite. Ich bekam die beiden Frauen, die starke und die schwache, nicht zusammen.

Dieser Widerspruch löste sich erst allmählich, als ich begann, den spirituellen Weg ernst zu nehmen. Mir dämmerte, dass ich, um auf authentische Weise stark zu sein, aufhören musste, mich selbst und meine Schwächen zu bekämpfen. Es gibt dazu eine wunderbare Zengeschichte. Hier eine etwas gekürzte Fassung:

Senjo und ihre Seele sind getrennt
Senjo verliebt sich in ihren Cousin Ochu. Ihr Vater Chokan will jedoch, dass sie einen anderen Mann heiratet. Beide sind verzweifelt. Ochu will das Dorf vor der Hochzeit in einem Boot verlassen. Als er aufbricht, sieht er eine Gestalt am Ufer entlanglaufen. Es ist Senjo. Sie schließt sich ihm voller Freude an. Sie reisen an einen weit entfernten Ort, heiraten und bekommen zwei Kinder. Fünf Jahre später sehnt sich Senjo danach, ihre Eltern wiederzusehen. Sie reisen zurück in ihr Dorf. Ochu sucht den Vater auf und entschuldigt sich für sie beide. Chokan sagte erstaunt: »Seit du das Dorf verlassen hast, liegt Senjo krank im Bett und kann nicht sprechen.« Daraufhin holt Ochu Senjo vom Boot. Als sie sich der Haustür der Eltern nähert, steht Senjo, die krank gewesen war, lächelnd von ihrem Bett auf. Beide gehen aufeinander zu und verschmelzen zu einer Person. Später fragte Zenmeister Wuzu: »Senjo war von ihrer Seele getrennt. Welches war die wirkliche Senjo?«

Dieses Märchen aus der Tang-Dynastie, das Eingang gefunden hat in die Zenliteratur, hat es in sich. Wer war die wirkliche Senjo? Wer ist die wirkliche Birgit? Vor dieser Frage stand ich immer wieder. Wie Senjo haben wir alle Verluste und Enttäuschungen erfahren. Wie Senjo fühlen wir uns manchmal zerrissen und sehnen uns nach Ganzheit. Manchmal entscheiden wir uns, eine bestimmte Richtung zu verfolgen, und merken, dass wir etwas übersehen haben, dass wir einen Teil von uns zurückgelassen haben, der uns jetzt fehlt. Als junge Mutter wollte ich mir und anderen unbedingt beweisen, dass ich weiterhin berufstätig bin, tough und erfolgreich, und mich nicht in die Küche verbannen lasse. Der Teil von mir, der Sehnsucht nach möglichst viel Nähe mit meiner kleinen Tochter hatte, fristete ein Schattendasein, bis ich realisierte, dass ich niemandem etwas beweisen musste, und mir erlaubte, mein eigenes Modell zu finden mit weniger Arbeit und mehr Zeit und Raum für mein Kind. Nagende Unzufriedenheit, das Gefühl von Zerrissenheit oder Überforderung, der Verlust von Freude können Hinweise darauf sein, dass wir Teile von uns selbst gerade nicht beachten. Ein wunderbares Buch »Das Verborgene Licht« versammelt 100 Geschichten erwachter Frauen aus 2500 Jahren. Einige der folgenden Fragen habe ich diesem Buch entnommen und leicht abgewandelt.

Selbstreflexion

- Welche Sehnsüchte rufen Sie im Moment?
- Was sind die zwei, drei oder vielen Seelen in Ihrer Brust?
- Kennen Sie die Sehnsucht, vollständig zu sein, nach Hause zu kommen? Wenn ja, wie fühlt sich diese Sehnsucht an?
- Gab oder gibt es Phasen in Ihrem Leben, in denen Sie das Gefühl hatten, sich aufspalten zu müssen?
- Welche Seiten von Ihnen führen gerade ein Schattendasein?

Mir hat Zen geholfen, die vielen Birgits zusammenzubringen und als Einheit zu erleben, zu erfahren, dass sie nie getrennt waren. Dieser Prozess hört nie auf. Mittlerweile freue ich mich daran und bin neugierig, welche Seiten darauf warten, wiederentdeckt zu werden. Am Anfang fühlte es sich wie ein Kampf an. Ich lernte, Müdigkeit, Knieschmerzen und Unlust zu überwinden. Mein Leidensdruck war groß genug, um nicht aufzugeben. Ich war entschlossen, so lange auf meinem Bänkchen sitzen zu bleiben, bis ich zur Quelle meiner Kraft vorstoßen würde. Als sich mir nach zahlreichen Sesshins, in denen ich bis tief in die Nacht saß und viele Tränen weinte, die donnernde Stille offenbarte und das kleine Ich, das vorher in einer Endlosschleife gefangen war, sich für einen Moment vollkommen auflöste, hörte der Kampf auf. Ich, oder wer auch immer dort saß, kam in Kontakt mit der größeren Kraft, mit dem Urgrund des Seins. Alle Zerrissenheit war weg. Das veränderte mein Leben von Grund auf. Das bedeutet nicht, dass ich mich nie mehr zerrissen fühle. Die verschiedenen Birgits wollen immer wieder neu ausbalanciert werden. Aber es fühlt sich nicht mehr so mühsam an. Oft reicht ein Wochenende mit stillem Sitzen, um wieder ins Lot zu kommen.

Sich selbst in der Stille zu begegnen, braucht Mut. Es gibt nichts Radikaleres, als für einen Moment alles, wirklich alles fallen zu lassen und gemeinsam mit anderen allein auf einem Kissen zu sitzen, als »Mensch ohne Rang und Namen«, wie es im Zen heißt. Ungeschminkt, ehrlich, ohne sich etwas vorzumachen und allem offen zu begegnen. In einer narzisstischen Gesellschaft, in der alle nach Bestätigung gieren und danach, einzigartig, großartig und natürlich supererfolgreich zu sein, wird ein falsches Selbst gefüttert, das ziemlich schnell kapituliert, wenn das wahre Leben um die Ecke kommt. Zen bedeutet, diese Illusionen fallen zu lassen und sich dem Leben auszusetzen ohne Fallschirm. Das bedeutet nicht, auf Erfolg zu verzichten, aber den Erfolg auf etwas zu gründen, was wirklich Substanz hat.

Ich bin überzeugt davon, dass alle Frauen, die wirklich stark sind, in Verbindung stehen mit etwas Größerem. Sie folgen ihrem Herzen, fühlen sich verbunden und bilden Netzwerke, wissen um ihre Mission, die über ihr kleines, persönliches Glück hinausreicht, und sind bereit, dafür etwas zu riskieren. Und sie haben einen Weg gefunden, ihre zarte Seite zu integrieren, und zeigen auch ihre Verletzlichkeit. Genau diese Mischung macht sie charismatisch. Der Ted Talk »The power of vulnerability« (»Die Macht der Verletzlichkeit«) von Brené Brown, Professorin für Sozialarbeit an der Universität Houston, war einer der erfolgreichsten Talks. Ein Hinweis darauf, wie groß die Sehnsucht ist, die eigene Verletzlichkeit und auch die Sehnsucht nach Heilung zu zeigen und die verschiedenen Seelen, die in der Brust wohnen, integrieren zu dürfen.

Zen ist keine Strategie, wie Sie ein Erfolgsmagnet werden und hohe Umsätze machen. Zen ist ein Weg zu erkennen, wer wir sind, wenn wir unsere Maske abgelegt haben und uns nicht dauernd fragen, was die anderen wohl von uns denken oder erwarten. »Was ist dein Gesicht vor der Geburt deiner Eltern?« lautet eine berühmte Frage im Zen.

Es geht darum, aus der Stille heraus, aus dem Wissen, wer wir wirklich sind vor allen Prägungen, Konditionierungen und intellektuellen Konzepten, von innen heraus zu leuchten und unsere Arbeit zu machen. Dieses Leuchten ist kein Spot-an-, kein Scheinwerferlicht-Leuchten. Aber es wirkt. Dafür brauchen wir den unbestechlichen Spiegel, den uns die Übung des Zazen vorhält.

Im Zazen können wir uns nichts vormachen.

Alle Vorstellungen von uns, die nicht tragen, entpuppen sich früher oder später als das, was sie sind: Illusionen, Hirngespinste. Ich kenne Frauen mit beeindruckenden Lebensläufen, Eliteuniabschluss, Doktortitel, Professorinnentitel, hohem Renommee in Fachkreisen, die sich tief im Inneren wie Versagerinnen fühlten und erst durch intensive Zenpraxis endlich bei sich ankommen konnten. Endlich konnten sie aufhören, sich ständig ängstlich darum zu sorgen, wie ihre nächste Publikation ankommt und was Kolleg:in XY eventuell denken könnte. Wenn wir innerlich nicht bei unserem Wesenskern ankommen, können wir im Äußeren Erfolge tonnenweise anhäufen und werden uns dennoch wie Loserinnen fühlen. Meine Erfahrung ist sogar: Wenn uns der äußere Erfolg nicht mehr so wichtig ist, stellt er sich ein. Wir können uns dabei allerdings nicht austricksen und so tun, als sei er uns nicht wichtig, insgeheim aber daran festhalten. Nur wenn wir wirklich in der Tiefe loslassen, fügen sich die Dinge. Das bedeutet jedoch nicht, nichts mehr zu tun. Aber wir tun die Dinge aus einer anderen inneren Haltung heraus.

Der Rausch der Ernüchterung – Täuschungen erkennen und überwinden

Wenn wir über Erfolg sprechen, müssen wir auch über Misserfolg nachdenken. Denn Erfolg und Misserfolg gehören untrennbar zusammen. Die Art und Weise, wie wir mit Misserfolg, mit dem Gefühl, versagt zu haben, umgehen, entscheidet darüber, ob wir irgendwann aus vollem Herzen Ja sagen können zu unserem Leben mit allen Höhen und Tiefen. Mönche und Nonnen rezitieren in ihren Zenklöstern täglich: *»Begierde, Hass und Verblendung sind die Ursachen meiner fort und fort wirkenden Taten. Sie treten hervor als Geschöpfe des Leibes, des Mundes und der Gesinnung.«* Wenn wir über Misserfolg reden, ist zumeist »Verblendung« angesprochen oder moderner ausgedrückt: Selbsttäuschung. Wenn wir einen Misserfolg erleiden, dann meistens, weil wir uns täuschen in einer Situation, in anderen Menschen und vor allem in uns selbst. Manchmal wollen wir unbedingt ein bestimmtes Ziel erreichen, weil wir ein Bild von uns haben, das genau auf dieses Ziel zu passen scheint. Wir wollen unbedingt ein Ziel erreichen und erwarten etwas von uns, was einem Bild entspricht, das wir uns von uns selbst gemacht haben, aber nicht der Person, die wir wirklich sind. Einmal wollte ich in einem Radioprogramm unbedingt Moderatorin werden und wurde auch tatsächlich zur Probe angenommen. Es war die Hölle. Der Erfolgsdruck war schier unerträglich, von allen Seiten wurde ich beobachtet, meine Moderation wurde anschließend in der Konferenz auseinandergenommen. Von wertschätzendem, konstruktivem Feedback hatte man dort noch nicht viel gehört. Ich spürte, dass dieses

Haifischbecken hochgefährlich für mich war, hielt aber unbeirrbar an meinem Wunsch fest, bis man mir mitteilte, dass man sich gegen mich entschieden habe. Wochenlang hatte ich alles gegeben, mich gepusht, mich über die Maßen angestrengt, mich hyperflexibel gezeigt, sämtliche Wünsche erfüllt, versucht, die widersprüchlichen Erwartungen zu bedienen, die demütigenden Situationen in den Konferenzen ertragen. Und jetzt das. Alles für die Katz. Noch während der Unterredung brach ich vor dem Chef in Tränen aus und schämte mich fürchterlich. Auch zwei Jahre danach zog sich alles in mir zusammen, wenn ich am Ort meiner Niederlage vorbeiradelte. Mit Abstand betrachtet, war ich mit einem völlig falschen Bild meiner Selbst angetreten. Die vielen Seiten der Frau, die ich wirklich war, hatten an diesem Ort keinen Platz. Und ich war in einem Egotunnel gelandet. Offensichtlich hatte ich tatsächlich geglaubt, ohne diesen Job nicht leben zu können. So ein Unsinn. Aber wenn wir an etwas kleben, können wir nicht mehr klar denken. Was für ein Glück, dass ich damals eine Absage kassierte, denke ich heute. Irgendeine höhere Weisheit hat mir damit eine Menge Leid erspart. Wir sind oft zu fixiert auf ein bestimmtes Bild, und wenn es sich nicht genauso einstellt, empfinden wir uns als gescheitert oder, noch schlimmer, als Versagerinnen.

Übung: Meditatives Schreiben

Stellen Sie sich den Timer auf 10 Minuten. Schreiben Sie, ohne nachzudenken, intuitiv drauflos, ohne den Stift abzusetzen. Kümmern Sie sich nicht um Grammatik, Zeichensetzung, ja nicht einmal um die Wörter. Lassen Sie Ihre Hand einfach schreiben.
Scheitern …

Lesen Sie sich Ihren Text anschließend durch. Was überrascht Sie? Was finden Sie interessant? Wenn Sie etwas analytischer vorgehen möchten, können die folgenden Fragen hilfreich sein:

Selbstreflexion

- Wann hatten Sie das letzte Mal das Gefühl, so richtig gescheitert zu sein?
- Wenn Sie genauer hinschauen: Worin haben Sie sich getäuscht? In sich selbst? In anderen? In Ihrer Einschätzung einer Situation?
- Wie haben Sie reagiert?
- Können Sie ein Muster erkennen, wie Sie mit Situationen, in denen Sie das Gefühl haben zu scheitern, umgehen? Suchen Sie die Gründe eher im Außen oder bei sich? Machen Sie andere Menschen, Institutionen dafür verantwortlich? Oder bezichtigen Sie sich selbst der Unfähigkeit nach dem Motto, »War ja klar, dass das schiefging, ist ja typisch für mich«?
- Wie gehen Sie mit dem Gefühl der Verletzung um, mit der Wunde, die ein Misserfolg hinterlässt?

Mein bevorzugtes Reaktionsmuster war die Selbstabwertung. Wenn die Dinge nicht so liefen, wie ich das von mir erwartet hatte, ging ich hart mit mir ins Gericht und bezichtigte mich immer wieder, es vermasselt zu haben. *Wie konnte mir das nur passieren? Wie konnte ich nur so blöd sein? Wieso war mir nicht klar …* Interessanterweise dient Selbstabwertung auch als Strategie, den Schmerz nicht zu fühlen. Wir sind dann gefangen in mentalen Schleifen und in endlosen Wiederholungen damit beschäftigt, alles immer wieder neu aufzurollen oder uns einen Film auszudenken, in dem wir glänzend dastehen und siegreich aus der Situation hervorgehen. Wir hängen in »Hätte ich nur, wäre ich nicht, würde ich bloß«-Gedanken fest. Das alles können wir uns ersparen, wenn wir den Mut aufbringen, den Schmerz zu fühlen.

»Wenn es eine Fertigkeit gibt, auf die nicht besonders viel Wert gelegt wird, die wir aber dringend brauchen, dann ist es die, zu wissen, wie man gut scheitert«, sagte die buddhistische Lehrerin Pema Chödrön in einer Rede vor Studierenden, die gerade ihr Studium am Naropa-College beendet hatten. Sie forderte ihre Zuhörer auf »Scheitern Sie. Scheitern Sie wieder. Scheitern Sie besser. Es geht darum, gut darin zu werden, die tiefe Verwundbarkeit im Herzen zu halten, oder gut darin zu werden, das Unwillkommene willkommen zu heißen.«

Würde ich auf meiner Homepage schreiben, dass ich Menschen im Coaching unterstütze, das Unwillkommene willkommen zu heißen und ihre tiefe Verwundbarkeit im Herzen zu halten, kämen vermutlich kaum Klienten. Aber wenn ich ehrlich bin, ist es genau das, was ich tue, auch wenn ich es vielleicht anders ausdrücke und meinen Kund:innen selbstverständlich rate, ihre Verwundbarkeit nicht jedem zu zeigen. Denn Verwundbarkeit hat keinen guten Ruf. Viele Frauen kommen ins Coaching mit dem Wunsch, sich ein dickes Fell zuzulegen, weniger verwundbar zu sein, die Dinge nicht so sehr an sich heranzulassen. Manche sagen: »Am liebsten würde ich einen Trick kennenlernen, der mich unverwundbar macht. Aber ich weiß ja, dass das nicht geht.« Und doch ist da der Wunsch, nicht mehr verletzt zu werden, keine Misserfolge mehr zu erleiden oder sie einfach abschütteln zu können wie Wasserperlen auf der Haut. Sicher gibt es Schutzstrategien, die kurzfristig hilfreich sind, doch keine, die dauerhaft und in allen Situationen funktionieren. Die Zen-Empfehlung lautet, nicht wegzulaufen vor dem unangenehmen Gefühl, gescheitert zu sein, sondern ganz zum Scheitern zu werden. Wir sollten uns nicht fragen, wie wir schnellstmöglich aus dem Schlamassel herauskommen, sondern wie wir uns dem Schlamassel öffnen und zuwenden können.

Wenn wir uns selbst als Versagerin abwerten, nehmen wir uns im Grunde viel zu ernst und tun so, als hänge die Welt einzig und allein von uns ab. Wir schwelgen im Gefühl, die größte Versagerin unter der Sonne zu sein. Doch das entspricht einer ungeheuer egozentrischen Perspektive. Wie wäre es, stattdessen klar zu erkennen, dass Scheitern zum Leben gehört. Dann können wir, wenn wir unsere Wunden versorgt haben, Ausschau halten nach dem Tor, das sich öffnet, nachdem wir krachend gescheitert sind. Denn irgendein Tor ist immer da. Es sieht vermutlich nicht so aus, wie wir es uns vorgestellt haben. Es mag schief aussehen und schrammelig, aber es bietet einen Durchgang. Und dahinter wartet etwas Neues, etwas, was wir mit unserem beschränkten Verstand gar nicht haben ahnen können.

Pema Chödrön erzählte in ihrem Vortrag, dass sie drei Jahre brauchte, um das Scheitern ihrer zweiten Ehe zu verarbeiten. Die schrecklichste Zeit ihres Lebens habe sie in ein wirklich gutes Leben geführt, in dem sie nebenbei, ohne das jemals vorgehabt zu haben, zudem Bestsellerautorin wurde. Ich will Scheitern nicht mystifizieren. Scheitern fühlt sich grässlich an. Punkt. Da gibt es nichts zu beschönigen. Es geht auch nicht darum, mit dem eigenen Scheitern hausieren zu gehen und es als den größten Erfolg aller Zeiten zu verkaufen. Wir sollten nur die Lektion nicht verpassen, die im Scheitern liegt: Die Chance, unser Leben zu bereichern, indem wir um eine Illusion ärmer sind. Der Satz, den ich am häufigsten von meinem Zenlehrer zu hören bekomme, lautet: »Drop it. Drop it. Once and for good.« Es bedeutet: Lass deine Konzepte fallen, lass deine Erwartungen fallen, lass deine Illusionen fallen. Ein für alle Mal.« Die größte Täuschung besteht in der Illusion eines getrennten Ichs, das sich gegen den Rest der Welt behaupten muss. Diese Täuschung zu überwinden, ist das Ziel des Zenweges.

Raus aus dem Schatten der Vergangenheit – rein ins Hier und Heute

Hört das denn nie auf? Warum tappe ich immer wieder in dieselben Fallen? Warum kann ich mich nicht endlich von meinem Perfektionismus befreien? Wieso lasse ich mir immer noch Schuldgefühle von meinen Eltern machen? Wie kommt es, dass ich mich von meiner Chefin oder meinem Partner schlecht behandeln lasse? Warum will ich immer alle retten und vergesse mich dabei selbst? Stellen Sie sich manchmal solche Fragen? Willkommen im Club. Wir alle sind geprägt von unserer Lebensgeschichte, der Rolle in unserer Herkunftsfamilie, der Familiendynamik, den Erfahrungen der Generationen vor uns, dem Milieu, aus dem wir kommen, der Kultur, in die wir hineingeboren wurden. Wir können uns nicht mal eben schnell daraus befreien, auch wenn manche Coaches und Ratgeber uns weismachen wollen, das ginge ruck, zuck. Aus dem Schatten der Vergangenheit herauszutreten, ist ein langwieriger und meist mühsamer Prozess. Zazen kann dabei sehr hilfreich sein. Im Zen geht es um »Wesensschau«, darum, zu erkennen, wie die Dinge wirklich sind. Der erste wichtige Schritt ist, zu realisieren, dass unsere Gedanken nur Gedanken sind, nirgendwo wurzeln und keine feste, reale Substanz haben. Gedanken kommen und gehen in einem endlosen Strom. Und wir wissen trotz großer Fortschritte in den Neurowissenschaften bis heute nicht, woher sie wirklich kommen und wie sie entstehen. Die meisten Gedanken, mit denen wir herumlaufen und die wir für unsere eigenen halten, haben uns andere eingeflüstert. Da sie uns ständig im Hirn herumspuken, halten wir sie für objektive Realität. Doch das ist ein Irrglaube. Im Zazen üben wir, die Gedanken kommen und gehen zu lassen wie Wolken am Himmel und uns nicht mit ihnen zu identifizieren. Nicht alles zu glauben, was wir denken, ist ein erster Schritt, uns von der Last der Vergangenheit zu befreien.

Überzeugungen, die wir als Kinder ungefragt übernommen haben von unseren Eltern oder anderen wichtigen Bezugspersonen, heißen in der Gestalttherapie Introjekte. »Aufgeben ist keine Option.« »Egal, wie sehr ich mich anstrenge, ich komme nie auf einen grünen Zweig.« »Man kann niemandem vertrauen.« »Wenn ich es nicht mache, macht es ja keiner.« »Frauen, die weinen, sind hysterisch.« Solche Aussagen können Introjekte sein. Das Tückische daran ist: Introjekte wirken wie sich selbst erfüllende Prophezeiungen. Wir verhalten uns danach und beweisen uns auf diese Weise ständig, dass wir recht haben. So entsteht der Eindruck, unsere Gedanken spiegelten wahrhaft die Realität. Ich war beispielsweise lange davon überzeugt, dass Fülle für mich nicht vorgesehen ist und ich mich immer extrem anstrengen musste, um schließlich doch nicht zu bekommen, was ich wollte. Unbewusst hatte ich die resignative Haltung meines Vaters übernommen, der als dreifacher Familienvater und Haupternährer jeden Monat fassungslos auf sein Konto schaute und zusah, wie sein Gehalt von den Fixkosten aufgefressen wurde. Daraus lernte ich: Ich kann mich anstrengen, wie ich will, doch am Ende des Tages ist alles vergeblich. Dieses Introjekt hat mich viel Kraft gekostet und mir eine Menge Enttäuschungen beschert. Es war eine große Befreiung, zu erkennen, dass ich diese Überzeugung nur übernommen hatte und sie bei Licht betrachtet aus nichts anderem bestand als einem substanzlosen Gedanken. Ein Gedanke, der wirkmächtig sein konnte, wenn ich ihm glaubte und ihn mit der Wirklichkeit verwechselte. Ich erinnere mich noch genau an den Moment, in dem diese Erkenntnis auftauchte. Urplötzlich wusste ich, dass alle Überzeugungen, die mich daran hinderten, ein gutes Leben zu leben, und die mir so fest wie Beton vorkamen, in Wirklichkeit aus Papierwänden bestanden. Ich musste einfach nur beherzt hindurchgehen und schauen, was sich dahinter verbarg. Den offenen, weiten, lichten Raum entdecken, der unser Geist ist. Dieses Hindurchgehen kostet Mut. Oft halten wir lieber an Überzeugungen fest, mit denen wir unglücklich sind, weil wir uns darin zu Hause fühlen und wissen, was wir bekommen, wenn wir daran festhalten. Das bekannte Elend ist ein sicherer Hafen. Ihn zu verlassen bedeutet, sich aufs offene Meer hinauszuwagen, mit ungewissem Ausgang. Zu erkennen, dass Gedanken substanzlos sind, ist ein erster Durchbruch. Doch es reicht nicht, das intellektuell zu begreifen. Wir müssen es mit dem ganzen Körper erfahren. Damit lösen sich nicht alle Probleme, aber wir sind einen großen Schritt weiter.

Zen ist radikal und fragt nicht nur danach, wer wir ohne einen bestimmten Gedanken wären, sondern danach, wer wir sind, bevor Überzeugungen und Gedanken über uns und die Welt in uns auftauchen. Zen beschäftigt sich nicht mit einzelnen Gedanken und Überzeugungen, sondern mit dem Ursprung, der Quelle der Gedanken. Zen zielt direkt auf den Geist. Derselbe Geist, in dem sich unsere Gedanken, einengenden Vorstellungen und Überzeugungen tummeln, ist gleichzeitig der unendliche, weite, grenzenlose, klare Raum, der vollkommen unbeeindruckt bleibt von allem, was darin auftaucht. Das mag schwer nachzuvollziehen sein. Es lässt sich auch intellektuell nicht fassen. Wir müssen uns wirklich einlassen auf die Radikalität des Einfach-nur-Sitzens. Doch auch wenn Zen sich nicht für einzelne Gedankeninhalte interessiert, kann es hilfreich sein, gewissermaßen als

Lockerungsübung, die wichtigsten Überzeugungen, mit denen wir uns und anderen im Weg stehen, zu identifizieren und zu untersuchen.

Selbstreflexion

- Welche inneren Überzeugungen, die Sie als Kind ungeprüft übernommen haben, hindern Sie daran, ein glückliches Leben zu leben?
- Mit welchen Überzeugungen über sich selbst stehen Sie sich am meisten im Weg?
- Mit welcher Überzeugung, wie das Leben und die Welt funktioniert, stehen Sie sich meistens im Weg?
- Mit welcher Überzeugung von sich selbst und der Welt stehen Sie anderen am meisten im Weg?
- Wer wären Sie ohne diese Überzeugungen?

Zenimpuls: Die Spur einer alten Überzeugung im Körper spüren

Wählen Sie sich eine Überzeugung aus, die Ihnen besonders hartnäckig erscheint und von der Sie das Gefühl haben, dass Sie Ihr Leben prägt. Setzen Sie sich aufrecht und entspannt hin. Spüren Sie den Kontakt mit dem Boden. Lassen Sie sich ganz im Sitzen ankommen. Rufen Sie sich Ihre Überzeugung ins Gedächtnis. Verzichten Sie darauf, zu analysieren, woher sie stammt. Lassen Sie alle Erinnerungen und Geschichten los, die vielleicht damit verbunden sind. Konzentrieren Sie sich ganz darauf, zu erspüren, wie sich Ihr Körper anfühlt, wenn Sie an diese Überzeugung denken. Spüren Sie Körperregionen oder Stellen, die auf diese Überzeugung reagieren? Falls irgendwo Spannung auftaucht: Wie sieht diese Spannung bildlich aus? Welche Energie oder Ausstrahlung hat die Spannung? Wenn die Spannung sprechen könnte, was würde sie sagen?

Wenn eine alte Überzeugung auftaucht, die Sie runterzieht oder blockiert, können Sie einen Moment innehalten, nachspüren, wie Ihr Körper jetzt in diesem Moment darauf reagiert, und je nachdem, was sich zeigt, mit kleinen Bewegungen antworten. Bemerken Sie, dass Sie sich irgendwo anspannen, können Sie den Ausatem in diese Muskeln lenken und so Spannung loslassen. Spüren Sie Enge, atmen Sie tief ein und öffnen Sie den Brustkorb. Fühlen Sie sich wie gestaucht, stellen Sie sich aufrecht hin und stellen sich vor, dass Ihr Schädel von einem unsichtbaren Faden an der Schädeldecke nach oben gezogen wird. Wenn Sie merken, dass Ihr Kiefer sich verspannt oder Sie die Schultern hochziehen, können Sie den Kiefer bewusst lockern und die Schultern nach unten fallen lassen. Diese kleinen Körperwahrnehmungsübungen bringen oft viel mehr, als endlos darüber zu grübeln, warum wir uns blockiert fühlen. Mir ist aufgefallen, dass ich bei inneren »Ich muss«-Sätzen den Bauch anspanne, die Schultern hochziehe und anfange, flach zu atmen. Wenn ich das bemerke, kann ich das Muster korrigieren. Dadurch entsteht eine neue Freiheit. Wir können natürlich auch daran arbeiten, wo diese »Ich muss«-Überzeugung herkommt, in die Vergangenheit eintauchen, Erinnerungen ausgraben, therapeutisch daran arbeiten. Das alles ist hilfreich, und das sollten wir auch tun, wenn es nötig ist. Psychotherapie und Zen können sich wunderbar ergänzen. Manchmal muss eine tiefe Verletzung erst heilen, damit wir uns der Stille wirklich überlassen und loslassen können. Und gleichzeitig können Verletzungen leichter heilen, wenn wir durch die Meditationspraxis in Kontakt kommen mit dem grenzenlosen Raum, in dem alles auftaucht und sich auch wieder auflösen kann. Das Ziel von Psychotherapie ist die Stärkung des Ich, das Ziel des spirituellen Weges ist die Auflösung der Fixierung auf dieses Konstrukt namens Ich. Das klingt nach einem Widerspruch, doch es ist letztlich keiner. Ein Ich, das sich sehr verletzt und nicht genährt fühlt, muss weiter festhalten, kann sich selbst nicht loslassen. Zen fordert uns dazu auf, immer wieder in diesem Moment anzukommen und das Potenzial dieses Augenblicks zu erkennen. In diesem Augenblick können wir uns von der Vergangenheit lösen und einen Weg finden, wie wir im Hier und Jetzt gut leben können. Immer wieder neu. Jetzt kann ich erspüren, wie ich die Aufgabe, die ich gerade auf dem Schreibtisch habe, gut bewältigen kann. Ich muss nicht dem alten Muster folgen, ich kann es anders machen. Ich muss mich weder von der Vergangenheit noch von der Zukunft bestimmen lassen. Das Entscheidende geschieht jetzt. Gehe ich zum hundertsten Mal den alten Weg? Oder gehe ich einen neuen Schritt auf einem Weg, den ich noch nicht kenne?

Sanftes Dranbleiben – die unterschätzte weibliche Kraft

Wenn wir aktiv und produktiv sein wollen, ohne uns zu sehr zu verausgaben, müssen wir lernen, die aktiven, dynamischen und die passiven, empfangenden Kräfte in uns auszubalancieren. Das gilt für Männer wie für Frauen. Der Unterschied ist nur: Die Businesswelt ist männlich geprägt und kommt Frauen nicht entgegen. Um sich zu behaupten und mitzuhalten, betonen Frauen ihre toughe, männliche Seite. Das ist in vielen Situationen notwendig. Doch oft verharren sie zu lange im Durchsetzungs- und Kampfmodus. Dadurch verlieren sie zu viel Energie und können sich nicht mehr ausreichend regenerieren. Daoistisch ausgedrückt: Wenn wir zu sehr im Yang-Modus bleiben, verstricken wir uns in Aktionismus, Machtspielen und Imagekämpfen und verlieren den Kontakt zu unserem Ruhepol und unserer intuitiven, empfangenden Seite.

Zen ist stark beeinflusst von der daoistischen Philosophie. Die Ziele der daoistischen Lehre sind Gleichmut, Gesundheit, Seelenfrieden und ein langes Leben. Yin und Yang gelten im Daoismus als die beiden großen Wirkprinzipien. Yin wird als der Ruhepol und das dunkle, weibliche Prinzip beschrieben, Yang als der Bewegungspol und das helle, männliche Prinzip. Das wird jedoch oft missverstanden. Yin und Yang haben nichts mit weiblichen und männlichen Rollenmustern und Geschlechterklischees zu tun. Und weder ist hell gut noch dunkel schlecht. Es geht um zwei Kräfte, die nur in Relation zueinander verstanden werden können und sich gegenseitig ergänzen und brauchen. Das drückt sich auch im bekannten schwarz-weißen Symbol aus. Es zeigt zwei sich umschlingende Tropfenformen in weißer und schwarzer Farbe. Jeder Tropfen enthält einen Punkt in der anderen Farbe. Damit wird angedeutet, dass im Yang auch Yin enthalten ist und umgekehrt. Yin und Yang sind nur relative Bezeichnungen. Nichts und niemand ist vollständig Yin oder vollständig Yang. Yang wird assoziiert mit der Schnelligkeit, dem Geben, der Aktivität, dem Feuer, der Höhe, der Sonne, dem Tag. Yin wird der Langsamkeit, dem Empfangen, der Ruhe, dem Wasser, der Tiefe, dem Mond, der Nacht zugeordnet. Yang gilt als schnell, zupackend, aktiv und aggressiv. Yin entspricht dem Rezeptiven, Kontinuierlichen, der ruhigen Ausdauer. Beide Wirkungskräfte sind miteinander ständig in Bewegung wie im Tanz – aus Yin wird Yang, aus Yang wird Yin.

Was bedeutet dieses alte Wissen für Frauen heute? Frauen haben den Nachteil, dass unsere auf Leistung und Schnelligkeit ausgerichtete Kultur sehr Yang-betont ist und sich für Qualitäten wie Ruhe, Langsamkeit und Stille nur wenig Platz findet. Wer sich Zeit nimmt und nicht sofort auf alles eine Antwort gibt, gilt schnell als zögerlich und entscheidungsschwach. Zackig reagieren, sofort wissen, was zu tun ist, bringt hingegen Punkte auf der Souveränitäts-Skala. Als stark gilt, wer allein klarkommt, sich tough und unverwundbar zeigt und anscheinend wenig Unterstützung braucht. Doch wirklich stark sind wir nur, wenn wir uns erlauben zu fühlen, dass wir verwundbar sind und andere brauchen. Denn das ist die Wahrheit. Frauen wissen das intuitiv, doch wenn sie sich verletzlich zeigen, wird ihnen das schnell als Schwäche ausgelegt. Vereinfacht gesagt: Männer können dem Yang-Prinzip entsprechend leben und befinden sich damit in Übereinstimmung mit den äußeren Anforderungen und der vorherrschenden Kultur. Sie zahlen dafür allerdings auch einen Preis in Form von stressbedingten Erkrankungen.

Der Vorteil birgt also Risiken und Nebenwirkungen. Frauen geraten über kurz oder lang in eine Disbalance, weil sie das Yin-Prinzip vernachlässigen und auch in ihre Freizeit noch so viele »Yang«-Aktivitäten hineinpacken, dass Phasen der Ruhe und Inaktivität, des Träumens oder des einfach nur Seins viel zu kurz kommen. Der Mangel an Yin kann sich auch in Schlafstörungen, Nervosität und Unwohlsein zeigen.

Viele Frauen berichten mir im Coaching, dass sie am Ende eines Arbeitstages im Kopf so aufgedreht und gleichzeitig körperlich erschöpft sind, dass es ihnen nicht mehr gelingt, sich zu entspannen und die freie Zeit zu genießen. Sie wissen, dass Meditation ihnen guttut, sind fest entschlossen, abends eine Viertelstunde zu meditieren, fühlen sich aber zu nervös oder müde, um sich auf ihr Kissen zu setzen. Man könnte auch sagen, das Yang ist so hoch, dass dringend Yin gebraucht wird, aber der Weg dahin fühlt sich versperrt an. Meiner Freundin und Kollegin Ulrike Juchmann verdanke ich eine wunderbare Übung, die an jedem ungestörten Ort zu jeder Uhrzeit möglich ist und dabei hilft, Spannungen loszuwerden und sich zu regenerieren.

Übung: Schütteln – loslassen, abschütteln und lockern

Nehmen Sie eine bequeme Position im Stehen ein. Lassen Sie die Aufmerksamkeit sinken: Vom Kopf durch den Oberkörper, das Becken, die Beine bis zu den Füßen. Die Fußsohlen, die Knie können weich und durchlässig sein. Spielerisch können Sie das Körpergewicht nach vorne, hinten und zur Seite verlagern und wieder gleichmäßig auf beiden Fußsohlen ankommen. Lenken Sie die Aufmerksamkeit bewusst zu den Händen und Armen und lassen Sie aus der Ruhe heraus ein Schütteln entstehen. Das Schütteln kann langsam, sanft oder kräftig sein. Lassen Sie zu, dass das Schütteln sich ausbreitet in das Becken, die Beine, den Oberkörper, bis zum Kopf. Seien Sie neugierig, was alles geschüttelt werden kann und möchte und was dabei im Körper geschieht und angeregt wird. Lassen Sie das Schütteln erst ganz natürlich entstehen, ohne etwas zu forcieren. Bleiben Sie locker und durchlässig. Lassen Sie den Atem frei fließen. Wenn dabei Töne entstehen, wunderbar. Raus damit. Wenn Sie mögen, können Sie mal kurz abheben und sanft auf dem Boden landen, dann schüttelt der Körper ganz von selbst. Experimentieren Sie: Wie fühlt es sich an, wenn Sie den Körper aktiv schütteln? Und wie ist es, wenn Sie das Schütteln dem Körper überlassen? Schauen Sie immer wieder, was Ihnen guttut. Manchmal kann es hilfreich sein, sich vorzustellen, etwas abzuschütteln und loszulassen. Wenn Sie mögen, können Sie mit Ihren Händen ein Gefäß bilden, sich vorstellen, dass Sie darin Ihre persönliche Heilmedizin mischen, mit allem, was Ihnen guttut, und sie dann mit dem Daumen in einem weiten Bogen zu Ihrem Mund führen. Flößen Sie sich Ihre Medizin ein und schütteln Sie sie dahin, wo sie gebraucht wird. Lassen Sie die Bewegung langsam ausklingen.

Diese Übung nimmt nur wenige Minuten in Anspruch, macht Spaß und hilft, Stress und Spannung abzuschütteln. Auch wenn Sie sich nach der Arbeit nicht mehr aufraffen können, eine Runde durch den Park zu joggen, zu meditieren oder Yoga zu praktizieren, zehn Minuten schütteln sind immer drin. Falls Sie sich sehr träge und lustlos fühlen, beginnen Sie mit sanftem Schütteln. Sie werden schnell spüren, wie die Energie zurückkehrt. Vielleicht spüren Sie auch erst während des Schüttelns, wie müde Sie sind. Gähnen ist befreiend, gähnen Sie lustvoll so lange, bis die Müdigkeit allmählich verschwindet. Wenn möglich, hören Sie dazu Trommelmusik. Es funktioniert aber auch wunderbar ohne Musik. Ideal wäre, wenn Sie sich danach noch ein paar Minuten in Stille hinsetzen oder hinlegen und der Wirkung nachspüren.

Schütteln hilft, wieder in die Ruhe zu finden. Auch Qigong-Übungen sind wunderbar geeignet, wieder ins Gleichgewicht zu kommen. Wenn mir ein Arbeitstag noch sehr in den Knochen steckt, mache ich die Schüttelübung oder die Acht Brokate aus dem Qigong. Diese Übungsfolge dauert mit Aufwärmen 15 Minuten, und danach fühle ich mich deutlich besser.

Wir geraten immer wieder aus dem Gleichgewicht. Das ist normal. Wichtig ist nur, dass wir es bemerken und wieder zurück in unser Gleichgewicht finden. Eine wichtige Yin-Qualität, die wir oft vernachlässigen, ist das Empfangen. Um in einen empfangenden Zustand zu kommen, in dem wir die Geschenke, die uns das Leben gerade bietet, annehmen können, müssen wir die Kontrolle aufgeben, offen und durchlässig werden. Weil uns das Angst machen kann, bleiben wir im aktiven, gebenden Modus und schützen uns so davor, die Kontrolle zu verlieren. Viele Frauen haben subtile Abwehrstrategien entwickelt, wenn sie Anerkennung, Komplimente oder Unterstützungsangebote bekommen. »Ach, das war doch nichts.« »Leider ist das Kleid etwas zu klein«, »Danke, das ist wirklich nicht nötig. Ich schaffe das allein.« Mit solchen Sätzen schützen wir uns davor, uns verwundbar und berührt zu fühlen. Aber wir verpassen auch das nährende Gefühl, uns verbunden und beschenkt zu fühlen.

Zenimpuls: Empfangen

Denken Sie an eine Situation, in der Sie etwas Schönes bekommen haben. Vielleicht ein Kompliment, ein Lob, ein Geschenk, tröstende Worte, eine Umarmung, ein Angebot, Sie bei etwas zu unterstützen. Seien Sie neugierig, was in Ihnen passiert, wenn Sie etwas Schönes bekommen. Vielleicht tauchen Botschaften aus der Kindheit auf wie: »Ich muss unabhängig sein und alles allein schaffen.« »Wenn ich etwas bekomme, muss ich mich sofort revanchieren, deshalb lehne ich lieber ab« … Spüren Sie nach, wie sich Ihr Körper anfühlt, wenn Sie etwas Schönes bekommen. Entsteht eine leichte Spannung in der Magengegend? Ist Ihr Bauch entspannt? Wie fließt der Atem? Gibt es irgendwo eine Blockade, die Ihnen zeigt, dass sich etwas in Ihnen dagegen wehrt, das Gute vollständig anzunehmen? Versuchen Sie, innerlich etwas mehr Raum entstehen zu lassen.

Es ist wichtig, dass wir lernen zu empfangen. Vielleicht haben Sie Lust, immer wieder neugierig zu erforschen, wie Sie auf Geschenke aller Art reagieren. Falls Ihnen dabei deutlich wird, dass Ihnen das Empfangen Schwierigkeiten bereitet, können Sie in kleinen Schritten experimentieren: Tief atmen, wenn jemand Ihnen etwas Schönes sagt, den Blickkontakt halten und »Danke, das tut mir gut« sagen. Nicht gleich zur Tagesordnung übergehen, das Gefühl noch ein wenig auskosten. Empfangen braucht Raum. Wenn wir uns vollknallen mit Aktivitäten, haben wir keine Zeit, die Geschenke zu bemerken, die wir bekommen.

Übung: Die Yin-Liste

Erstellen Sie eine Liste mit Aktivitäten und Dingen, die Ihnen helfen könnten, Spannungen loszuwerden und umzuschalten auf eine offene, empfangende Haltung. Zum Beispiel: Schütteln, zur Lieblingsmusik tanzen, einen Powerwalk um den Block machen, ein heißes Bad nehmen, auf dem Sofa liegen und in die Wolken schauen, malen, kochen …

Befestigen Sie Ihre Liste am Kühlschrank oder legen Sie sie gut sichtbar an einen Platz, an dem Sie regelmäßig vorbeikommen. Unser Gehirn braucht diese Erinnerungshilfe. Wenn wir uns überdreht und / oder erschöpft fühlen, blockieren unsere Leitungen. Wir vergessen, was uns guttut. Die Liste erinnert uns daran.

Wir benötigen, um ausgeglichen zu sein, meistens beides: Aktivität und Passivität, Aggression und Sanftmut, Powern und Loslassen, Schnelligkeit und Langsamkeit, Außendarstellung und Rückzug. Viele Frauen leiden darunter, dass sie den Eindruck haben, dass vor allem die Lauten, die viel Wirbel um sich machen, nach oben kommen. Doch natürlich gibt es auch Männer, die auf Yin-Weise erfolgreich sind, und Frauen, die die Yang-Kunst der Selbstdarstellung perfekt beherrschen. Es geht also nicht um schematische Zuordnungen nach dem Motto: Männer kämpfen sich den Weg frei, trumpfen auf und machen auf dicke Hose, Frauen sind bescheiden, halten sich zurück und wirken im Verborgenen. Auch wenn das vielfach zutreffen mag. Es kommt vielmehr darauf an, zu erkennen, welche Kräfte gerade gebraucht werden. Daoistisch gesprochen: Wir sollten die Yang-Kraft so lange benutzen, wie wir sie brauchen, und sie dann loslassen und wieder mehr auf unsere intuitive Seite vertrauen.

Gut zu wissen: Der Begriff Intuition oder Bauchgefühl wird oft unscharf verwendet und klingt deshalb schnell esoterisch. Neurowissenschaftler können jedoch inzwischen sehr gut erklären, wie wir Situationen intuitiv erfassen. Wir verfügen über ein Gedächtnissystem, das alle Erfahrungen verarbeitet und mit sogenannten somatischen Markern versieht: Körperliche Empfindungen, mit denen wir auf bestimmte Themen oder Situationen reagieren. Zum Beispiel Herzklopfen, Bauchgrummeln, Weite im Kopf, Enge in der Brust. Dieses Informationssystem ist extrem schnell, weil es über assoziative Netzwerke arbeitet. Der analytische Verstand hingegen kann nur eine Information nach der anderen prüfen und ist daher viel langsamer. Zu guten Entscheidungen kommen wir, wenn wir beide Systeme nutzen und synchronisieren. Wenn sich etwas »komisch« anfühlt, sollten wir dieses Gefühl überprüfen: Woran könnte das liegen? Gibt es vergleichbare Erfahrungen? Können wir dieses »komische Gefühl« ernst nehmen? Oder ist es in dieser Situation unangebracht?

So kann das »Bauchgefühl« zu einem hilfreichen Kompass werden. Meine Erfahrung ist, dass viele Frauen ein gutes Bauchgefühl haben, sich aber oft nicht trauen, ihre somatischen Marker ernst zu nehmen und zu prüfen. Damit schneiden sie sich von der Weisheit des Körpers ab. Zazen stärkt das Bauchgefühl und damit die intuitive Weisheit. Im Zen gilt der Vollmond, der sich im Wasser spiegelt, als Symbol für Weisheit und Erwachen. Dieses Bild steht für den ruhigen, ausgeglichenen Zustand, der durch Meditation erreicht werden kann. Der Mond ist Yin. Doch in unserem modernen Leben in der Stadt gerät der Mond aus dem Blickfeld. Einmal hatte ich auf La Palma ein Schlafzimmer, in das der Mond nachts hereinschien. Es waren magische Nächte mit intensiven Träumen, die mich in Bewegung brachten. Frühmorgens stand der Mond über dem Meer. Ich war wie gebannt und konnte mich nicht sattsehen. Der Mond wird mit Yin assoziiert, die Sonne mit Yang. Yin und Yang gelten als gleichwertige Prinzipien. Doch Laotse, der Begründer des Daoismus, weist im Tao te king darauf hin, dass Wasser als Verkörperung des Weichen, des Yin, fähig ist, das Härteste, den Fels zu besiegen.

»Auf der ganzen Welt gibt es nichts Weicheres und Schwächeres als das Wasser. Und doch, in der Art, wie es dem Harten und Starken zusetzt, kommt nichts ihm gleich. Denn nichts kann es verändern. Dass Schwaches das Starke und Weiches das Harte besiegt, weiß jedermann auf Erden, nur vermag niemand danach zu handeln.«

(Aus dem Tao Te King, Kapitel 78)

Wasser verweist auf eine besondere Stärke, die ich bei Frauen in ganz unterschiedlichen Berufen, Altersphasen und Lebensumständen beobachte. Die Fähigkeit, auf sanfte und beharrliche Weise dranzubleiben, einen langen Atem zu entwickeln. Das Prinzip »steter Tropfen höhlt den Stein«. Geduld, Ausdauer und Beharrlichkeit sind wunderbare Qualitäten, die irgendwann zum Ziel führen können. Tropft nur ein Wassertropfen auf einen Stein, passiert nichts. Tropft es aber lange Zeit, entsteht eine Kuhle. Geduld ist unspektakulär und essenziell. Geduld bedeutet Entspannung und stellt ein Gegenmodell zur ungeduldigen Instantbefriedigung dar. Einige Coachingkundinnen zeigen sich überrascht darüber, dass sie nach einem Jahr gefühlten inneren Stillstandes während der Lockdown-Phase plötzlich in Bewegung gekommen und Knoten, die lange unauflöslich schienen, geplatzt sind. Durch äußeren Stillstand zum inneren Stillstand gezwungen, entdeckten sie ihre Yin-Seite und tauchten wie nach einem längeren Schlaf erfrischt und mit neuen Ideen wieder auf. Natürlich sind das eher Ausnahmen. Und Frauen, die ihren Job verloren haben oder im Homeoffice zwischen Kinderversorgung und Zoommeetings täglich am Rande eines Nervenzusammenbruchs waren, werden abwinken. Dennoch: Um unseren Alltag geregelt zu bekommen, brauchen wir die aktive, zupackende Kraft von Yang. Ohne Anstrengung werden wir nichts erreichen. Mit der Hara-Meditation aus Kapitel eins stärken wir diese Kraft. Doch wenn sich die Dinge zu anstrengend gestalten, ist das ein Zeichen dafür, dass wir uns zu sehr pushen oder, um im Bild des Wassers zu bleiben, dass wir unbedingt wollen, dass das Wasser nach oben fließt. Wasser fließt aber nach unten und sucht stets den Weg in die Tiefe. Wenn Sie merken, dass Sie aus dem Gleichgewicht und nicht mehr im Fluss sind, kann es sehr heilsam sein, an einem See oder Fluss zu sitzen. Und wenn Sie gerade nicht die Möglichkeit haben, an einen Fluss zu fahren, können Sie sich auch in der Meditation einen imaginieren.

Meditation: Am Wasser sitzen

Spüren Sie Ihren Körper. Lassen Sie sich mit jedem Ausatmen noch mehr tragen vom Boden. Stellen Sie sich einen schönen, langsam fließenden Fluss vor. Das Wasser fließt in einer einladenden Landschaft über Steine, um Bäume herum, den Hügel hinunter ins Tal. Immer wieder fällt ein Blatt in den Fluss und tanzt schaukelnd auf den Wellen. Sie sitzen am Flussufer und schauen zu, wie der Fluss und die Blätter an Ihnen vorbeifließen. Werden Sie sich Ihrer Gedanken bewusst. Immer wenn ein Gedanke auftaucht, stellen Sie sich vor, dass Sie ihn auf eins der Blätter legen und vom Wasser mitnehmen lassen. Lassen Sie die Blätter vorbeiziehen. Sie brauchen das Fließen des Wassers nicht zu beschleunigen oder zu verlangsamen. Lassen Sie jeden Gedanken, jedes Bild auf einem Blatt vom Flusswasser mitnehmen. Wiederholen sich bestimmte Gedanken, Themen oder Bilder? Setzen Sie sie immer wieder auf die Blätter und lassen sie weitertreiben. Nehmen Sie wahr, wie sich Ihr Körper jetzt anfühlt.

Dafür stehe ich nicht zur Verfügung – frei und radikal werden

Wenn ich etwas bereue, dann dass ich auf zu vielen privaten und beruflichen Veranstaltungen getanzt habe, die nicht meine waren. Ich hätte mir vieles ersparen können, wenn ich an einigen Stellen höflich, aber bestimmt gesagt hätte: »Ich helfe dir gern drei Stunden, ein ganzer Tag ist mir zu viel.« »Danke für die interessante Anfrage. Leider bin ich dafür nicht die Richtige.« »Dafür habe ich im Moment keine Kapazitäten« oder »Das passt nicht zu meinem Portfolio«, oder ganz mutig: »Wenn Sie das Honorar verdoppeln, gern.« Doch oft war mir schon ein gewohnheitsmäßiges »Ja klar, gern« herausgerutscht, bevor ich mich innerlich sortiert hatte und meine gefühlten Bedenken in der Magengrube sich den Weg nach oben bis ins Hirn gebahnt hatten. Als pflichtbewusste 1A-Zuverlässige saß ich da schon in der Falle und kam nicht wieder heraus. Denn: »Was man anfängt, bringt man auch zu Ende.« »Wer A sagt, muss auch B sagen.« »Verlange bloß nicht zu viel.« Die Introjekte lassen grüßen. Doch mir fiel lange gar nicht auf, dass ich in einem Jasager-Zwang gefangen war. Mein ehemaliger Zenlehrer machte mich vor vielen Jahren darauf aufmerksam und sagte sinngemäß: »Wenn jemand etwas von dir will, springst du. Andere machen es sich in deiner Umgebung viel zu gemütlich. Wie lange willst du das noch so weitermachen?« Ich war geschockt. Leider hatte er recht damit. Ich hatte mich für eine autonome Frau gehalten, die ihre Entscheidungen souverän trifft. Aber davon war ich weit entfernt. Ich wollte niemanden enttäuschen, unbedingt als unkompliziert, unprätentiös, kooperativ und flexibel gelten, weil ich befürchtete, andernfalls Anerkennung zu verlieren. Doch indem ich versuchte, es allen anderen möglichst leicht zu machen, machte ich es mir selbst schwer. Ich habe Tage investiert in die Entwicklung einer Zeitschrift, an die ich nie geglaubt hatte, natürlich unentgeltlich, einfach, weil ich mich verpflichtet fühlte. Ich habe Kunden beraten, die gar nicht beraten werden und mir ihrerseits beweisen wollten, dass ihr Problem so speziell und komplex ist, dass ihnen nicht zu helfen war. Ich habe mich in vermeintlich großartigen Institutionen aufgerieben, die ich idealisiert habe, die sich bei Licht betrachtet gar nicht für meine Kompetenzen und Interessen interessierten. Ich habe meine Leistung immer wieder unter Wert verkauft und mich gescheut, meine Bedingungen glasklar zu nennen, aus Angst, als schwierig oder – noch schlimmer – als gierig zu gelten. Als meine Eltern pflegebedürftig wurden, machte ich ihnen aus einer Mischung aus Fürsorge, Mitgefühl und schlechtem Gewissen dauernd Angebote, die sie rundweg alle ablehnten, für die sie mich aus Frustration über ihre zunehmende Hilflosigkeit zusätzlich noch beschimpften. Ich machte trotzdem weiter, bis mir allmählich dämmerte, dass ich mich selbst auf eine unerfüllbare Mission geschickt hatte.

Immerhin hat das alles den Vorteil, dass ich einige Probleme meiner Coachingkund:innen nicht nur aus dem Fernsehen kenne. Ich habe sie durchlebt und hoffentlich daraus gelernt. Dieses Lernen hört nie auf, weil das Leben uns immer neue Päckchen und Pakete vor die Tür stellt. Im Kapitel: »Bis hierhin und nicht weiter – Gesunde Grenzen setzen« habe ich bereits einige Übungen vorgestellt, die Ihnen helfen, Ihren Raum, Ihre Grenzen und Interessen zu schützen. Jetzt möchte ich Sie einladen, noch einen Schritt weiter zu gehen und mit sich selbst zu vereinbaren, was Sie künftig grundsätzlich privat und beruflich nicht mehr tun wollen. Noch viel wichtiger, als wöchentlich eine To-do-Liste zu schreiben, erscheint mir, regelmäßig eine Not-to-do-Liste zu verfassen und sie zu verinnerlichen.

Selbstreflexion

- Welche Aufgaben übernehmen Sie nur, weil Sie vermuten, dass andere es von Ihnen erwarten?
- Wozu sagen Sie Ja, obwohl Sie wahrscheinlich ohne größeren Schaden Nein sagen könnten und das im Grunde Ihres Herzens auch möchten?
- Welche kleineren Aufgaben wollen Sie abgeben oder ignorieren?
- Was würden Sie nicht mehr tun, wenn Sie wüssten, dass Sie nur noch kurze Zeit zu leben haben? (Diese Frage ist sehr wichtig, denn tatsächlich haben wir keine Ahnung, wie viel Zeit uns noch bleibt.)
- Falls Sie krank waren oder sind: Was wollen Sie alles nicht mehr tun, weil es Ihren Heilungsprozess gefährdet?
- Wofür wollen Sie privat nicht mehr zur Verfügung stehen?

Übung: Meditatives Schreiben

Stellen Sie sich den Timer auf 15 Minuten. Schreiben Sie aus der Stille heraus drauflos, ohne nachzudenken. Lassen Sie den Stift schreiben und setzen Sie ihn nicht ab.

»Aufhören, endlich …«

Behalten Sie den Text und schauen Sie immer wieder einmal auf das, was Sie geschrieben haben. Der Text wird Ihnen helfen, Ihre Not-to-do-Liste zu finden.

Was hat das alles mit Zen zu tun? Diese Fragen lassen sich nur ehrlich beantworten, wenn wir sie in der Stille bewegen und zulassen, dass sie uns berühren und wachrütteln. Wenn wir wirklich auf den Grund tauchen und unserem Wunsch, anerkannt und geliebt zu werden und niemanden zu enttäuschen, ins Gesicht schauen. Oder unserer Angst, nicht respektiert zu werden, nicht dazuzugehören, den Anschluss zu verpassen. Wir bekommen erst die Chance, uns anders zu entscheiden, wenn wir die tiefen Motive erkennen, aus denen heraus wir uns immer wieder verführen lassen, Dinge zu tun, die uns überfordern, nicht zu uns passen oder uns vom Wesentlichen abhalten.

Übung: Meditatives Schreiben

Suchen Sie sich einen gemütlichen Platz zum Schreiben. Sitzen Sie ein paar Minuten in Stille. Verbinden Sie sich mit Ihrem inneren Licht. Schreiben Sie dann intuitiv drauflos, ohne den Stift abzusetzen.
»Was mir wirklich wichtig ist …«
Bleiben Sie noch ein paar Minuten sitzen. Nehmen Sie das Gefühl wahr, das in Ihnen entsteht, wenn Sie ehrlich zu sich sind und sich damit verbinden, was Ihnen wirklich wichtig ist. Heben Sie den Text auf.

Meditatives Schreiben kann ein ganz eigener Weg sein, frei und radikal zu werden, indem wir schreibend zum Kern vorstoßen. Was uns wirklich wichtig ist, erkennen wir erst, wenn wir uns damit konfrontieren, dass unsere Lebenszeit begrenzt ist. Doch wie oft geben wir uns der Illusion hin, alles ginge immer so weiter. In Zenklöstern wird deshalb regelmäßig rezitiert: »Leben und Tod sind eine ernste Sache.

Dazwischen liegt nicht viel Zeit. Schnell vergehen alle Dinge. Seid ganz wach, niemals achtlos, niemals nachlässig.« Was ist uns wichtig, wenn wir ganz wach sind, wenn wir nicht vor uns hin träumen und nicht in Illusionen schwelgen? Wenn wir keine Rücksicht darauf nehmen, was andere denken, was uns wichtig sein sollte oder welches Statement dazu auf Instagram gut ankäme?

Zen hilft uns dabei, eine gewisse Unabhängigkeit zu entwickeln von äußerem Beifall und der Meinung anderer. In der Praxis des Zazen sitzen wir mit uns selbst. Pur, unverfälscht. Wir lernen uns ganz neu kennen und erleben, wie erfüllend es ist, einfach da zu sein, unsere Lebendigkeit zu spüren und zu realisieren, dass uns nichts, wirklich gar nichts fehlt. Wenn unser Herz im Zazen sich öffnet und frei wird, entstehen Freude und Wohlbefinden. Beides dehnt sich aus. Andere können das spüren. Natürlich bleiben wir auch weiterhin darauf angewiesen, dass Kolleginnen und Kollegen mit uns zusammenarbeiten, Freunde Zeit mit uns verbringen möchten, dass wir Anerkennung bekommen. Aber je weniger wir von Beifall und Anerkennung abhängen, je weniger wir danach gieren, weil wir uns von innen heraus vollständig fühlen, desto wahrscheinlicher ist, dass wir bekommen, was wir brauchen. Der Kampf hört auf.

Dieses Kapitel heißt »frei und radikal werden«. Die Radikalität besteht darin, dass wir uns genügend Zeit und Raum nehmen, die Freude und das Wohlbefinden zu kultivieren, die uns durch die Praxis des Zazen geschenkt werden – auf dem Meditationskissen und in unserem Alltag. Frei zu werden bedeutet, einen klaren Geist zu entwickeln und ein freudiges Herz zu stärken und die Rahmenbedingungen dafür zu schaffen, ohne Rücksicht auf »Das macht man so«-Konventionen, abwertende Kommentare, zynische Fragen. Je konsequenter wir das tun, desto mehr inspirieren wir andere. Auf diese

Weise löst sich einer der größten inneren Konflikte, der vielen Frauen zu schaffen macht. Der Konflikt zwischen Selbstfürsorge und Fürsorge für andere. Wenn wir verstehen, dass wir nicht nur für uns selbst in Stille sitzen, sondern auch für andere, wird es leichter. Unsere Praxis bekommt mehr Drive, und das schlechte Gewissen, scheinbar tatenlos herumzusitzen und nichts zu tun, während um uns herum das Chaos tobt, kann sich auflösen. Weil uns klar wird, dass wir im scheinbaren Nichtstun mehr für uns und andere bewirken als mit verwirrten, hektischen Aktionen. Weil wir verstehen, dass wir erst dem inneren Chaos begegnen und es zur Ruhe kommen lassen sollten, um dann dem äußeren Chaos zu begegnen. Das zentrale Zengelübde lautet: »Der Wesen sind unendlich viele, ich gelobe, sie alle zu befreien.« Das klingt unerreichbar. Natürlich können wir nicht alle um uns herum retten. Wie soll das gehen? Und dennoch entfaltet dieses Gelübde eine wunderbare Kraft. Wir tun einfach, was wir tun können. Das ist alles, und es ist sehr viel. Wenn Ihr Partner sagt: »Ich glaube, du solltest mal wieder ins Retreat gehen. Ich nehme für eine Woche die Kinder«, oder Ihr Chef Sie anspricht: »Sie wirken in letzter Zeit so besonnen. Sie machen doch was mit Meditation, können wir das nicht bei uns in der Firma einführen?«, wissen Sie, dass Ihre Übungspraxis wirkt und Ihr Umfeld davon profitiert.

Mein Beitrag für die Welt – mit Zen unbeirrbar den eigenen Weg gehen

Wie willst du von der Spitze einer hundert Fuß hohen Stange vorwärtsgehen? Lautet eine berühmte Frage im Zen. Meine Antwort: Ich klettere wieder herunter. Keine Ahnung, ob das stimmt. Diese Frage ist ein Koan, eine Art Rätsel, ich habe dieses Koan noch nicht durchdrungen, aber das ist das, was mir im Moment dazu einfällt. Wie gehe ich vorwärts am Ende eines Buches? Diese Frage stellte sich mir am Anfang dieses letzten Kapitels. Und plötzlich tauchte die Antwort auf: Ich gehe noch einmal zurück zum Anfang. Was sonst? Der Zenweg ist nie zu Ende. Denn Zen ist das Leben, und das Leben endet nie, auch wenn unser persönliches Leben in dieser Form in diesem Körper irgendwann vorbei sein wird. Am Ende ist es Zeit, wieder an den Anfang zu gehen und zurückzublicken auf die Reise, zu der wir gemeinsam aufgebrochen sind und die uns in 21 Stationen zum Schlusskapitel geführt hat. Jetzt geht es erst richtig los.

Wenn wir anfangen, uns für Zen zu interessieren, wenn wir einen ersten Geschmack gekostet haben und uns auf den Weg machen, dreht sich alles um uns selbst. Wir hoffen, zur Ruhe zu kommen, uns nicht mehr so schnell umhauen zu lassen, ausgeglichener und zufriedener zu werden, mehr Energie zu bekommen. Wir wünschen uns vielleicht, besser zu schlafen, eine Trennung zu verarbeiten, eine neue berufliche Richtung zu finden. Vielleicht treibt uns auch eine diffuse Sehnsucht an, mehr Tiefe und Sinn zu erfahren. Wir träumen davon, dass sich unsere Probleme in Wohlgefallen auflösen, wenn wir die richtige Technik finden. Irgendwann dämmert uns, dass Zen keine Technik ist, sondern ein Lebensweg. Einen Weg müssen wir beschreiten. Es reicht nicht, wenn wir ihn uns auf Google Earth oder auf einer Wanderkarte anschauen. Ein Weg steckt immer voller Überraschungen, und es ist nie klar, wohin er wirklich führt. Es kann gar nicht klar sein, denn der Weg ist nicht irgendwo da draußen, der Weg sind wir selbst. In diesem Buch habe ich versucht, verschiedene Zugänge zu Zen aufzuzeigen – physisch, mental, emotional –, und bewusst unterschiedliche Formen gewählt: Atem-, Körper- und Herzmeditationen, Imaginationen, Schreibimpulse, Körperübungen, Zengeschichten, kurze wissenschaftliche Erklärungen, Anregungen zur Selbstreflexion. Doch am Ende geht es um die alltägliche Zenpraxis. Aufrecht und entspannt sitzen, dem Ausatem folgen, Gedanken, Gefühle und Körperempfindungen kommen und gehen lassen, sich mit dem Ausatem tiefer und tiefer fallen lassen, bis am Ende niemand mehr da ist und wir alles sind. Das ist der Kern der Praxis. Ich hätte also auch ein Buch schreiben können, das aus drei Sätzen besteht, und diese hundertfach wiederholen.

Aber unser Geist will Futter. »Sit down and shut up« reicht ihm nicht. Wir wollen verstehen, worauf wir uns einlassen. Deshalb benötigen wir Brücken, über die wir gehen können. Wenn Sie einen Teil der Übungen und Meditationen in diesem Buch ausprobiert haben, sind Sie über einige Brücken gegangen, haben neue Ufer gesehen. Idealerweise haben Sie sich einen Platz zum Meditieren eingerichtet und Ihre Grenzen deutlicher abgesteckt. Vielleicht konnten Sie in Ihrer größten Schwäche Ihre Kernkompetenz entdecken, sich von ein paar Illusionen befreien und schädliche Überzeugungen loslassen. Vielleicht haben Sie Ihre innere Weisheit entdeckt und sich vorgenommen, ihr mehr zu folgen. Möglicherweise liegt auf Ihrem Schreibtisch eine ausgefüllte Not-to-do-Liste die Sie fröhlich abarbeiten. Wunderbar.

Am allerwichtigsten ist es, täglich Zazen zu praktizieren und die Essenz des Sitzens mit in alles zu nehmen, was wir tun. Das Ziel von Zazen ist, dass wir uns vergessen. Wenn wir aufhören, ständig um unser kleines Ich zu kreisen, fängt das Leben richtig an. Weil wir uns selbst, anderen und dem Leben nicht mehr im Weg stehen. **Paradoxerweise können wir uns erst dann vergessen, wenn wir ganz und gar vertraut werden mit uns.**

Auch mit unseren Illusionen, den Konzepten, die wir von uns selbst haben, mit dem Gepäck der Vergangenheit, das wir mit uns herumschleppen. Mit schmerzhaften Gefühlen, Ängsten, unserer Verwirrung. Wenn wir uns in der Übung des Zazen erforschen, finden wir heraus, was wir alles nicht sind. Das mag uns anfangs enttäuschen, bis wir uns irgendwann befreit fühlen. Zu erkennen, was wir nicht sind, hilft uns zu verstehen, wer wir wirklich in der Tiefe sind. Unendlicher, weiter, lichter Raum. Es ist dann nicht mehr notwendig, Konzepte von uns zu konstruieren. Wozu? In unserer Multioptionsgesellschaft wird uns ständig eingeredet, dass wir die beste Version von uns selbst erschaffen sollen. Zen sagt: Hör auf mit dem Versionsquatsch, sei überhaupt keine Version. Sei einfach nur Du selbst, wenn Dir keiner zuschaut. Erst wenn wir nicht mehr ständig versuchen, unsere Selbstdarstellung und die äußeren Bedingungen zu optimieren, und uns orientieren jenseits von Erfolg, Misserfolg, Anerkennung und Nichtanerkennung, Glück oder Pech, wird es interessant. Dann geht es nicht mehr nur um unser kleines persönliches Leid und Glück, sondern um mehr. Wir können uns dem zuwenden, was jetzt zu tun ist und nur wir jetzt tun können. So finden wir unseren Beitrag für die Welt. Dieser Beitrag kann erst deutlich und klar werden, wenn die Selbstbezogenheit in den Hintergrund tritt. Ein Teil meines Beitrages für die Welt ist dieses Buch. Beitrag für die Welt mag arrogant klingen. Doch ich meine es ganz bescheiden. Mein Beitrag für die Welt kann nur klein sein. Sicher habe ich hier und da besondere Kompetenzen. Ich fühle mich begabt zum Schreiben und halte mich für einen guten Coach. Ich bin gut darin, zu fokussieren und Dinge klar zu sehen. Doch im Großen und Ganzen finde ich mich durchschnittlich. Ich habe auch keine besondere Begabung für Zazen. Das zu bekennen, kommt in unserer narzisstischen Gesellschaft beruflichem Harakiri gleich. Zazen sei Dank finde ich es mittlerweile befreiend, niemand Besonderes sein zu müssen oder zu wollen. Manchmal vermassele ich einen Auftrag, weil ich vergessen habe, rechtzeitig die Charisma-Lampe anzuschalten und entsprechend dick aufzutragen. Natürlich müssen wir manchmal etwas dicker auftragen. Solange wir die Glanzschicht, die wir auftragen, nicht mit dem Kern verwechseln, macht das nichts. Solange uns bewusst bleibt, dass wir keine Likes und Rankings mit ins Grab nehmen, können wir mit einem Augenzwinkern das Spiel gelegentlich mitspielen. Zazen hilft uns, auf Kurs zu bleiben, uns nicht zu verlieren in den tausend Dingen und uns immer wieder mit dem Wesentlichen zu verbinden. Es ist egal, ob wir als Chefärztin, Floristin, Zahntechnikerin oder im Back-up-Office arbeiten. Letztlich kommt es nicht darauf an, was wir tun, sondern mit welcher Haltung wir es tun. Meine Botschaft in einer Nussschale: Üben Sie Zazen, bleiben Sie dieser wunderbaren Praxis treu. Leben Sie von dort aus. Lassen Sie zu, dass Zazen Ihr ganzes Leben erfüllt. Hören Sie nicht auf. Nutzen Sie die weibliche Kraft der Intuition und des Dranbleibens. Seien Sie Ihr eigenes Licht, leuchten Sie. Sie werden nicht alles erreichen, aber alles erreicht Sie.

Danksagung

Ich danke all meinen Meditationslehrerinnen und -lehrern. Meinem ersten Zenlehrer Hinnerk Polenski danke ich für die Öffnung des Weges und der Daishin Zen-Sangha für intensive und freudvolle Retreats. Besonders danke ich meinem jetzigen Lehrer Jeff Shore für Inspiration, Ermutigung, Konfrontation und Begleitung auf dem Weg. Danke auch an Michaela Breit, die ursprünglich die Idee zu diesem Buch hatte, und an Ulrike Scheuermann. Ein besonderer Dank geht an Christine Dohler, Julia Augustin und Ulrike Juchmann für ihre fortwährende Unterstützung und Ermutigung. Und ich danke meinem Mann Michael, der den Zenweg mit mir zusammen geht und immer an mich glaubt, und meiner Tochter Mascha für ihre tiefgründigen Kommentare, die mich umgehauen haben.

Literaturliste

Angelika Baur und Marie Mannschatz: *Buddhas Herzmeditation. Mit Achtsamkeit zu Selbstliebe und Mitgefühl.* Gräfe und Unzer, München 2015

Florence Caplow und Susan Moon (Hrsg.): *Das verborgene Licht.* 100 Geschichten erwachter Frauen aus 2500 Jahren, betrachtet von Zen-Frauen heute. edition steinrich, Berlin 2016

Pema Chödrön: *Vom Glück des Scheiterns.* Gräfe und Unzer, München 2016

Liane Dirks: *Sich ins Leben schreiben. Der Weg zur Selbstentfaltung*. Kösel, München 2015

Anna Gamma: *Ruhig im Sturm. Zenweisheiten für Menschen, die Verantwortung tragen*. edition steinrich, Berlin 2015

Rick Hanson: *Achtsam wie ein Buddha: Mit Meditation und Neurowissenschaft zum wahren Ich*. Irisiana, 2020

Ulrike Juchmann: *Achtsamkeitsbasierte Psychotherapie bei Depressionen und Ängsten: MBCT in der Praxis*. Beltz, Weinheim 2020

Willem Lammers: *Selbstcoaching mit Logosynthese: Blockaden auflösen, Krisen bewältigen*. Kösel, München 2012 (6. Auflage)

Laotse: *Tao Te King.* Herausgegeben und übersetzt von Richard Wilhelm. Anaconda Verlag, Köln 2006

Yürgen Oster: *Qigong der Wudang-Mönche. Zurückkehren zum Ursprung*. Springer, Berlin 2008 (4. Auflage)

Jeff Shore: *Der Weg beginnt unter deinen Füßen. Zen für das moderne Leben*. O.W. Barth, München 2018

Shunryu Suzuki: *Zen-Geist Anfänger-Geist*. Herder, Freiburg 2009

Christa Spannbauer: *Der Stimme des Herzens vertrauen. Erfüllt und achtsam leben*. Herder, Freiburg 2015
Doris Zölls: *Mumonkan. Sich selbst finden in den Weisheiten alter Zen-Koans*. Kösel, München 2019

Zitatnachweis: Das Zitat auf Seite 33 stammt von Shunryu Suzuki, *Zen-Geist-Anfänger-Geist*, mit freundlicher Genehmigung von © Theseus in Kamphausen Media GmbH, Bielefeld 2016

Einige Meditationsanleitungen aus diesem Buch finden Sie auf der Seite *www.zenpower-fuer-frauen.de*
Informationen zu Zenzentren und Übungsgruppen finden Sie auf der Seite *www.zen-guide.de*